# curry party

jody vassallo

# curry party

photographies de deirdre rooney

M A R A B O U T

# introduction

Je voyage en Thaïlande depuis vingt ans et j'adore la cuisine de ce pays. J'ai donc été ravie lorsque l'on m'a sollicitée pour écrire un ouvrage sur les currys thaïs et indiens. Je me suis donc rendue en Inde avec la ferme intention d'y accomplir une mission : élucider et révéler le mystère des innombrables épices qui sont à la base de sa cuisine.

Les recettes présentées dans ce livre sont l'écho des saveurs et des parfums extraordinaires que j'ai découverts au fil des années. Elles sont faciles à réaliser et conviendront à tous les palais. Si vous appréciez les saveurs plus relevées, vous pourrez augmenter un peu les proportions de pâte de curry ou de piment.

Je vous souhaite de prendre autant de plaisir que j'en ai eu à cuisiner et à déguster ces recettes.

# ingrédients

macis de noix de muscade

clous de girofle

feuilles de basilic thaï

panir

galangal

citrons kaffir

feuilles de citron kaffir

graines de moutarde noire

tamarin

graines de cardamome

piments rouges séchés

*asa foetida* (férule persique)

# ingrédients

pâte de crevettes

petits piments verts

feuilles de curry

sucre de palme râpé

ghee

échalotes asiatiques

fenugrec

oignon rouge

sauce de poisson thaïe (nam pla)

gros piments verts

citronnelle

safran

# poulet et canard

# canard à l'ananas et au curry

Si vous ne trouvez pas d'ananas frais, utilisez de l'ananas en boîte. L'idéal est de préparer cette recette avec un canard laqué à la pékinoise... Si vous ne pouvez pas vous en procurer, utilisez des magrets de canard que vous aurez fait rôtir puis coupés en trois. Prévoyez alors un magret par personne.

*Pour 4 à 6 personnes*
*15 minutes de préparation*
*25 minutes de cuisson*

**40 cl de crème de coco en boîte**
**2 à 4 c. à soupe de pâte de curry rouge**
**25 cl de fond de volaille**
**2 blancs de citronnelle légèrement écrasés**
**1 canard laqué de 1,6 kg ou 4 à 6 magrets**
**4 cébettes émincées**
**4 feuilles de citron kaffir hachées finement**
**2 tomates fraîches épépinées et pelées**
**400 g d'ananas détaillé en gros morceaux**
**2 c. à soupe de feuilles de coriandre fraîche hachées pour la garniture**

Versez la crème de coco dans un wok puis ajoutez la pâte de curry rouge. Laissez revenir 5 minutes en tournant de temps en temps jusqu'à ce que le curry dégage tout son parfum.

Mouillez avec le fond de volaille puis incorporez la citronnelle, le canard, les cébettes, le citron kaffir et les tomates et les morceaux d'ananas. Portez à ébullition. Réduisez la flamme et laissez mijoter 15 minutes à découvert.

Décorez avec la coriandre au moment de servir.

## poulet kerala

Le Kerala est situé dans le Sud de l'Inde. Son nom signifie « le pays de la noix de coco ». Et, en effet, on y cuisine beaucoup à l'huile de coco et les currys y sont souvent enrichis avec du lait de coco.

*Pour 4 à 6 personnes*
*15 minutes de préparation*
*45 minutes de cuisson*

**2 c. à soupe d'huile végétale**
**1/2 c. à café de fenugrec**
**1 bâton de cannelle**
**1 c. à café de graines de cardamome légèrement écrasées**
**2 petits piments verts coupés en deux dans le sens de la longueur**
**1/2 c. à café de curcuma**
**12 feuilles de curry**
**1 oignon rouge émincé**
**1 kg de chair de cuisse de poulet détaillée en languettes épaisses**
**12 petites pommes de terre, rates de préférence**
**2 carottes émincées**
**1 poivron vert émincé**
**40 cl de lait de coco**
**1/2 c. à café de sel**
**1 c. à café de sucre de palme râpé ou de sucre roux**

Chauffez l'huile dans une grande casserole, ajoutez le fenugrec et laissez-le revenir 3 minutes à feu moyen jusqu'à ce qu'il éclate.

Incorporez la cannelle, la cardamome, les piments, le curcuma, les feuilles de curry et l'oignon. Laissez cuire 5 minutes jusqu'à ce que ce dernier soit tendre et doré.

Ajoutez le poulet, faites-le dorer 5 minutes puis ajoutez les pommes de terre, les carottes, le poivron, le lait de coco, le sel et le sucre. Amenez le tout à ébullition puis réduisez la flamme, couvrez et laissez frémir 15 minutes. Retirez alors le couvercle et faites mijoter 15 minutes de plus.

## poulet aux pistaches

Les pistaches donnent une belle couleur verte à ce plat. Ce curry est assez doux. Pour le corser, augmentez la quantité de piments.

*Pour 4 à 6 personnes*
*25 minutes de préparation*
*1 heure de cuisson*

**150 g. de pistaches décortiquées**
**2 petits piments verts**
**3 c. à soupe de feuilles de coriandre fraîche hachées**
**3 c. à soupe d'huile végétale**
**750 g. de chair de cuisse de poulet détaillée en cubes**
**1 oignon rouge émincé**
**1 c. à soupe de gingembre frais râpé**
**3 gousses d'ail émincées**
**1 c. à soupe de garam masala**
**25 cl de fond de volaille**
**1/2 c. à café de sel**
**12 cl de crème fraîche**

Ébouillantez rapidement les pistaches, égouttez-les et laissez-les refroidir. Frottez-les dans une serviette pour en retirer les peaux.

Mixez les pistaches, les piments et la coriandre pour obtenir une pâte onctueuse. Chauffez l'huile dans une grande casserole et faites-y dorer le poulet 5 minutes à feu moyen. Réservez.

Faites revenir l'oignon 10 minutes, jusqu'à ce qu'il soit bien doré. Incorporez le gingembre et l'ail puis poursuivez la cuisson 2 minutes. Ajoutez le garam masala et laissez cuire 3 minutes supplémentaires, jusqu'à ce que l'arôme se développe.

Remettez le poulet dans la casserole, mouillez avec le fond de volaille puis ajoutez la pâte de pistaches, le sel et la crème fraîche. Laissez mijoter 30 minutes en remuant souvent, jusqu'à ce que le poulet soit fondant.

poulet kerala

poulet aux pistaches

# poulet au curry « de la jungle »

Ici, pas de lait de noix de coco comme dans les autres currys thaïs. Cette recette sera plus ou moins relevée en fonction de la quantité de pâte de curry utilisée.

*Pour 4 à 6 personnes*
*15 minutes de préparation*
*15 minutes de cuisson*

**2 c. à soupe d'huile végétale**
**1 à 2 c. à soupe de pâte de curry vert**
**2 c. à soupe de sauce de poisson thaïe (nam pla)**
**500 g de chair de cuisse de poulet émincée**
**50 cl de fond de volaille**
**200 g de pousses de bambou en boîte égouttées**
**200 g de jeunes épis de maïs frais ou en boîte**
**100 g d'aubergines thaïes émincées**
**3 feuilles de citron kaffir détaillées**
**1 c. à café de sucre de palme râpé ou de sucre roux**

Chauffez l'huile dans un wok et faites-y revenir la pâte de curry 3 minutes à feu moyen, jusqu'à ce que son arôme se développe.

Ajoutez la sauce de poisson et le poulet puis laissez cuire 5 minutes, jusqu'à ce que la viande commence à dorer. Mouillez avec le fond de volaille puis incorporez les pousses de bambou, les épis de maïs, les aubergines thaïes et les feuilles de citron kaffir. Portez à ébullition, réduisez la flamme et laissez mijoter 5 minutes. Assaisonnez avec le sucre.

# poulet aux mangues

Une des nombreuses recettes où l'on utilise du concentré de tamarin, une pâte épaisse disponible dans les épiceries asiatiques.

*Pour 4 à 6 personnes*
*15 minutes de préparation*
*40 minutes de cuisson*

**2 c. à soupe d'huile végétale**
**1 oignon rouge émincé**
**3 gros piments rouges séchés**
**1 c. à café de garam masala**
**1/2 c. à café de curcuma**
**500 g de chair de cuisse de poulet détaillée en languettes épaisses**
**40 cl de lait de coco**
**2 mangues mûres pelées et détaillées en grosses tranches**
**2 c. à soupe de tamarin**
**1/2 c. à café de sel**
**2 c. à soupe de feuilles de coriandre fraîche**
**1 petit oignon rouge émincé pour la garniture**

Chauffez l'huile dans une casserole et faites-y revenir l'oignon 10 minutes à feu doux, jusqu'à ce qu'il soit bien doré. Ajoutez les piments, le garam masala, le curcuma et poursuivez la cuisson 2 minutes.

Incorporez le poulet et faites-le dorer 5 minutes. Mouillez avec le lait de noix de coco, ajoutez les mangues, le tamarin et le sel, portez à ébullition, puis réduisez le feu et laissez frémir 20 minutes, jusqu'à ce que le poulet soit cuit. Au moment de servir, garnissez avec la coriandre et l'oignon. (Vous pouvez retirer les piments rouges, si vous préférez.)

## poulet au curry thaï

Les feuilles de citron kaffir donnent à ce plat une saveur citronnée unique. Si vous n'en trouvez pas de fraîches, achetez-les sèches dans une épicerie asiatique et trempez-les un instant dans de l'eau chaude. Préparez vous-même la pâte de curry : vous sentirez la différence.

*Pour 4 personnes*
*15 minutes de préparation*
*20 minutes de cuisson*

**1 c. à soupe d'huile végétale**
**500 g de blanc de poulet émincé**
**1 à 2 c. à soupe de pâte de curry vert**
**40 cl de lait de coco**
**4 feuilles de citron kaffir détaillées en lamelles**
**200 g de haricots verts détaillés**
**200 g de pousses de bambou en boîte égouttées**
**2 c. à soupe de sauce de poisson thaïe (nam pla)**
**2 c. à soupe de sucre de palme râpé ou de sucre roux**
**2 c. à soupe de feuilles de coriandre fraîche pour la garniture**

Chauffez l'huile dans un wok puis faites-y dorer le poulet 5 minutes à feu moyen. Ajoutez la pâte de curry et faites-la revenir 3 minutes de plus jusqu'à ce qu'elle dégage tout son parfum.

Mouillez avec le lait de coco, incorporez les feuilles de citron kaffir et portez à ébullition. Réduisez le feu. Ajoutez les haricots verts et les pousses de bambou puis laissez frémir 5 minutes, jusqu'à ce que les haricots soient tendres.

Assaisonnez avec la sauce de poisson et le sucre. Décorez avec les feuilles de coriandre au moment de servir.

## canard aux litchis

Les litchis sont mes fruits préférés. Ici, ils corrigent à la perfection la richesse du canard. Utilisez de préférence des litchis frais, que vous trouverez entre fin octobre et fin janvier.

*Pour 4 à 6 personnes*
*10 minutes pour dégorger les aubergines*
*25 à 30 minutes de préparation*
*20 minutes de cuisson*

**2 fines aubergines émincées**
**1 cane rôtie**
**50 cl de lait de noix de coco**
**1 à 2 c. à soupe de pâte de curry rouge**
**4 feuilles de citron kaffir**
**400 g de litchis frais épluchés ou en boîte**
**2 c. à soupe de sauce de poisson thaïe (nam pla)**
**1 c. à soupe de sucre de palme râpé ou de sucre roux**
**2 c. à soupe de feuilles de basilic thaï ou de coriandre**
**1 gros piment rouge épépiné et émincé finement pour la garniture**

Saupoudrez les aubergines de sel puis laissez-les dégorger 10 minutes. Pressez-les et rincez-les. Pendant ce temps, découpez la cane en petits morceaux.

Faites chauffer le lait de coco dans un wok puis faites-y revenir la pâte de curry rouge pendant 10 minutes. Tournez de temps en temps pour éviter qu'elle n'attache.

Incorporez le canard, les feuilles de citron kaffir, les litchis, les aubergines, la sauce de poisson thaïe et le sucre. Portez à ébullition, réduisez la flamme puis laissez frémir 10 minutes.

Au moment de servir, garnissez de feuilles de basilic et de rondelles de piment.

poulet au curry thaï

canard aux litchis

# poulet aigre-doux au sauté de mangues

J'ai créé cette recette chez ma sœur, à Cairns, en Australie. Chaque matin, au pied de l'immense manguier de son jardin, la pelouse était jonchée de fruits. Comme je n'aime pas le gaspillage, j'ai mis des mangues dans tous mes plats.

*Pour 4 à 6 personnes*
*10 minutes de préparation*
*20 minutes de cuisson*

**1 c. à soupe d'huile végétale**
**1 à 2 c. à soupe de pâte de curry rouge**
**500 g de blanc de poulet détaillé en languettes**
**4 cébettes détaillées en morceaux de 5 cm**
**12 cl de fond de volaille**
**25 cl de lait de coco**
**6 feuilles de citron kaffir hachées en fines lamelles**
**230 g de châtaignes d'eau en boîte égouttées**
**2 mangues fermes détaillées en tranches épaisses**
**1 c. à soupe de sauce de poisson thaïe (nam pla)**
**1 c. à soupe de jus de citron vert**
**2 c. à soupe de feuilles de coriandre fraîche pour la garniture**

Chauffez l'huile dans un wok et faites-y revenir la pâte de curry à feu doux 3 à 5 minutes, jusqu'à ce qu'elle commence à dégager tout son arôme. Ajoutez le poulet et les cébettes puis poursuivez la cuisson 5 minutes de plus, jusqu'à ce que la chair soit bien dorée.

Mouillez avec le fond de volaille et le lait de coco. Incorporez les feuilles de citron kaffir, les châtaignes d'eau et les mangues. Portez à ébullition puis réduisez la flamme et laissez frémir 5 minutes, jusqu'à ce que le poulet soit tendre.

Assaisonnez avec la sauce de poisson thaïe et le jus de citron vert. Décorez de feuilles de coriandre au moment de servir.

# soupe au poulet mulligatawny

Cette soupe a été inventée en Inde pour les Britanniques. Le mot *mulligatawny* est formé de deux termes tamouls qui signifient « eau au poivre ». Cette soupe est bien meilleure que ne le suggère son nom !

*Pour 4 à 6 personnes*
*20 minutes de préparation*
*40 minutes de cuisson*

**2 c. à soupe d'huile végétale**
**1 c. à soupe de garam masala**
**600 g de chair de cuisse de poulet finement détaillée**
**1 oignon rouge émincé**
**2 c. à soupe de gingembre frais râpé**
**1 gousse d'ail émincée**
**1/2 c. à soupe de graines de fenouil**
**1/2 c. à soupe de curcuma**
**1 bâton de cannelle**
**1 petit piment vert épépiné et émincé**
**1 l de fond de volaille**
**40 cl de lait de coco**
**3 tomates mûres de taille moyenne détaillées**

Chauffez l'huile dans une grande casserole puis faites-y revenir le garam masala 3 minutes à feu moyen, jusqu'à ce qu'il commence à libérer tout son parfum.

Ajoutez le poulet et faites-le dorer 5 minutes. Incorporez l'oignon, l'ail, le gingembre, les graines de fenouil, le curcuma, la cannelle, le piment et les tomates. Mouillez avec le fond de volaille et le lait de coco puis laissez frémir 30 minutes jusqu'à ce que le poulet soit tendre.

## bouchées de poulet tikka

Normalement, le poulet tikka est cuit dans un *tandoor*, grand récipient en terre cuite que l'on pose directement sur les braises. On peut également utiliser un four, un gril ou un barbecue couvert. Ces bouchées feront de parfaits amuse-gueule que l'on servira piqués sur des bâtons de cocktail.

*Pour 6 à 8 personnes*
*4 heures de marinade*
*10 minutes de préparation*
*15 minutes de cuisson*

**4 c. à soupe de pâte tandoori**
**1 c. à soupe de jus de citron**
**4 c. à soupe de gingembre frais râpé**
**4 gousses d'ail émincées**
**250 g de yaourt nature**
**1 kg de chair de cuisse de poulet détaillée en petits morceaux**

Mélangez la pâte tandoori, le jus de citron, le gingembre, l'ail et le yaourt puis placez les morceaux de poulet dans cette marinade. Couvrez et réservez au réfrigérateur au moins 4 heures, une nuit entière si possible.

Faites cuire le poulet 15 minutes à chaleur moyenne sous un gril préchauffé. Retournez-le plusieurs fois pendant la cuisson, jusqu'à ce qu'il soit tendre.

Servez avec des tranches de naan ou de pappadom et du raïta au concombre (voir p. 156).

## poulet au beurre

Ce plat indien très populaire n'est pas facile à réaliser à la maison mais je suis ravie du résultat. Pour simplifier les choses, j'ai utilisé une pâte tandoori toute prête, j'ai fait griller le poulet puis je l'ai incorporé à la sauce.

*Pour 4 à 6 personnes*
*15 minutes de préparation*
*30 minutes de cuisson*

**1 kg de chair de cuisse de poulet détaillée en petits morceaux**
**3 c. à soupe de pâte tandoori**
**125 g de yaourt nature**
**800 g de tomates concassées en boîte**
**1 c. à café de garam masala**
**1/2 c. à café de paprika**
**25 cl de crème fraîche liquide**
**2 c. à soupe de sucre de palme râpé ou de sucre roux**
**50 g de ghee ou de beurre clarifié**
**1/2 c. à café de sel**

Placez les morceaux de poulet dans un bol, ajoutez la pâte tandoori et le yaourt puis tournez avec soin avec les doigts pour qu'ils soient bien enrobés. Disposez-les dans un plat à four et faites-les revenir sous le gril préchauffé réglé au maximum, jusqu'à ce qu'ils soient tendres. Réservez.

Versez le jus du plat à four dans une casserole puis ajoutez les tomates, le garam masala, le paprika, la crème fraîche et le sucre. Portez à ébullition et faites cuire 10 minutes à feu vif en remuant de temps en temps, jusqu'à ce que la sauce soit épaisse et crémeuse. Ajoutez le poulet, le ghee et le sel puis laissez frémir 3 minutes, jusqu'à ce que le ghee fonde et que le poulet soit réchauffé.

bouchées de poulet tikka

poulet au beurre

# poulet au curry

Voici la recette de base d'un poulet au curry tout simple. Cependant, vous pouvez commencer par mixer l'oignon, l'ail et le gingembre pour obtenir une pâte onctueuse, à la façon traditionnelle de l'Inde du Nord. Cela lui donnera une saveur plus puissante.

*Pour 4 à 6 personnes*
*15 minutes de préparation*
*1 heure de cuisson*

**3 c. à soupe d'huile végétale**
**1 oignon rouge émincé**
**2 gousses d'ail émincées**
**1 c. à soupe de gingembre frais émincé**
**2 c. à café de graines de coriandre moulues**
**1/2 c. à café de cumin moulu**
**1/2 c. à café de garam masala**
**1/2 c. à café de chili fort**
**1/2 c. à café de curcuma**
**500 g de chair de cuisse de poulet détaillée en petits morceaux**
**400 g de tomates concassées en boîte**
**12 cl de fond de volaille**
**25 cl de lait de coco**
**1/2 c. à café de sel**

Chauffez l'huile dans une grande casserole puis faites-y revenir l'oignon 15 minutes à feu moyen. Ajoutez l'ail et le gingembre puis poursuivez la cuisson 5 minutes.

Ajoutez les épices et continuez la cuisson 3 minutes jusqu'à ce qu'elles libèrent tout leur parfum. Incorporez le poulet et faites-le revenir 5 minutes jusqu'à ce qu'il soit bien doré. Mouillez avec le fond de volaille et le lait de coco puis ajoutez les tomates et le sel. Portez à ébullition, réduisez le feu et laissez frémir 15 minutes à couvert. Ôtez le couvercle et poursuivez la cuisson 15 minutes de plus, jusqu'à ce que le poulet soit tendre.

# poulet sauce satay

La sauce satay est très populaire en Thaïlande. Elle est très forte, moyennement forte ou douce. Remplacez le poulet par des crevettes pour obtenir une variante délicieuse.

*Pour 4 personnes*
*15 minutes de préparation*
*20 minutes de cuisson*

**1 c. à soupe d'huile végétale**
**2 c. à soupe de pâte de curry rouge**
**2 c. à soupe de beurre de cacahuète**
**500 g de blanc de poulet détaillé en cubes**
**40 cl de lait de coco**
**200 g de brocolis**
**1 poivron rouge émincé**
**1 carotte émincée**
**100 g de haricots verts détaillés en tronçons**
**1 c. à soupe de sauce de poisson thaïe (nam pla)**
**1 c. à soupe de sucre de palme râpé ou de sucre roux**
**3 c. à soupe de cacahuètes grossièrement écrasées**
**1 gros piment rouge épépiné et émincé**
**3 c. à soupe de feuilles de coriandre fraîche grossièrement hachées pour la garniture**

Chauffez l'huile dans un wok puis faites-y revenir la pâte de curry et le beurre de cacahuète 5 minutes à feu moyen.

Ajoutez le poulet et faites-le frire 5 minutes en remuant jusqu'à ce qu'il soit bien doré. Mouillez avec le lait de coco puis incorporez les légumes, la sauce de poisson et le sucre. Portez à ébullition, réduisez la flamme et laissez frémir 10 minutes.

Au moment de servir, décorez avec les cacahuètes, le piment rouge et les feuilles de coriandre.

# poulet dopiaza

*Dopiaza* signifie « deux oignons ». Dans cette recette, on les trouve sous deux formes : frits et bouillis. Les oignons sont couramment utilisés dans la cuisine indienne, particulièrement les oignons rouges. Essayez d'en trouver de petits bien doux pour préparer cette recette.

*Pour 6 à 8 personnes*
*15 minutes de préparation*
*1 heure de cuisson*

**2 c. à soupe d'huile végétale**
**2 oignons rouges émincés pour la garniture**
**1 c. à café de graines de cardamome écrasées**
**1 c. à café de clous de girofle**
**3 gros piments rouges séchés**
**2 feuilles de laurier sèches**
**2 c. à soupe de gingembre frais râpé**
**1/2 c. à café de curcuma**
**1 kg de pilons de poulet entaillés dans leur partie la plus charnue**
**6 petits oignons rouges**
**37 cl de fond de volaille**
**125 g de yaourt nature**

Chauffez l'huile dans une grande casserole et faites-y revenir les oignons 10 minutes à feu doux, jusqu'à ce qu'ils soient caramélisés. Réservez sur du papier absorbant.

Ajoutez les épices dans l'huile et faites-les revenir 5 minutes jusqu'à ce qu'elles soient bien dorées. Incorporez les pilons de poulet et les petits oignons. Mouillez avec le fond de volaille, portez à ébullition puis réduisez la flamme et laissez frémir 30 minutes. Incorporez le yaourt et poursuivez la cuisson à feu doux pendant 15 minutes, jusqu'à ce que la chair soit tendre.
Au moment de servir, décorez avec les oignons caramélisés.

Si vous le souhaitez, vous pouvez écarter les piments.

## poulet à la moutarde et aux tomates

Cette recette s'inspire des saveurs du Sud de la Thaïlande : graines de moutarde et feuilles de curry. J'y ai ajouté des tomates et du sucre pour créer un plat doux et légèrement épicé, délicieux avec du riz au citron (voir p. 156).

*Pour 4 à 6 personnes*
*15 minutes de préparation*
*1 heure 10 de cuisson*

**2 c. à soupe d'huile végétale**
**1 c. à soupe de graines de moutarde noire**
**1 oignon rouge émincé**
**1 kg de morceaux de poulet entaillés dans leur partie la plus charnue**
**10 feuilles de curry**
**1 c. à café de chili fort**
**400 g de tomates concassées en boîte**
**100 g de dattes fraîches dénoyautées coupées en deux dans la longueur**
**2 c. à soupe de vinaigre blanc**
**55 g de sucre de palme râpé ou de sucre roux**
**1 c. à café de garam masala**

Chauffez l'huile dans une grande casserole et faites-y revenir les graines de moutarde 3 minutes à feu moyen, jusqu'à ce qu'elles commencent à éclater.

Incorporez l'oignon et poursuivez la cuisson 10 minutes en remuant régulièrement jusqu'à ce qu'il soit doré. Ajoutez le poulet par petites quantités et faites dorer chaque fournée pendant 5 minutes. Réservez les morceaux au fur et à mesure.

Remettez la volaille dans la casserole, ajoutez les feuilles de curry et le chili puis laissez cuire 3 minutes. Incorporez les tomates, les dattes, le vinaigre, le sucre et le garam masala. Couvrez et poursuivez la cuisson à feu doux pendant 30 minutes.

Ôtez le couvercle et continuez la cuisson 15 minutes de plus, jusqu'à ce que le poulet soit tendre et que la sauce ait épaissi.

## poulet aux noix de cajou

On utilise fréquemment les noix de cajou dans la cuisine indienne, même s'il s'agit d'un luxe comme dans le reste du monde. Aussi chacun adapte-t-il la qualité de ces noix à son budget.

*Pour 4 à 6 personnes*
*30 minutes de préparation*
*15 minutes de trempage*
*4 heures de marinade*
*1 heure de cuisson*

**4 blancs de poulet avec l'os**
**3 c. à soupe de pâte au gingembre et à l'ail (voir p. 152)**
**125 g de yaourt nature**
**1 c. à café de chili fort**
**1 c. à café de garam masala**
**1/2 c. à café de sel**
**150 g de noix de cajou**
**3 oignons rouges émincés**
**3 c. à soupe d'huile végétale**
**1 feuille de laurier sèche**
**3 graines de cardamome écrasées**
**25 cl de crème fraîche liquide**
**feuilles de coriandre fraîche pour la garniture**

Coupez les blancs en deux dans le sens de la longueur et placez-les dans un grand récipient. Ajoutez la pâte au gingembre et à l'ail, le yaourt, le chili, le garam masala et le sel. Couvrez et laissez mariner 4 heures au minimum, une nuit entière si possible.

Faites tremper les noix de cajou dans l'eau chaude pendant 15 minutes. Quand elles sont tendres, mixez-les pour en faire une pâte onctueuse. Réservez. Mixez les oignons.

Chauffez l'huile dans une grande casserole puis faites-y dorer la cardamome et la feuille de laurier pendant 2 minutes. Incorporez les oignons et laissez-les cuire 15 minutes à feu moyen, jusqu'à ce qu'ils soient bien dorés.

Ajoutez le poulet et faites-le dorer 5 minutes. Incorporez la pâte de noix de cajou et poursuivez la cuisson 5 minutes à feu moyen sans cesser de remuer.

Ajoutez la crème fraîche et mouillez avec 25 cl d'eau. Couvrez et laissez mijoter 30 minutes jusqu'à ce que le poulet soit tendre. Au moment de servir, décorez avec les feuilles de coriandre fraîche.

poulet à la moutarde et aux tomates

poulet aux noix de cajou

# poulet aux abricots et aux noix de cajou

Cette recette fait davantage penser à un ragoût qu'à un curry. Servez-la accompagnée de galettes naans. Elle est également délicieuse préparée avec des jarrets d'agneau. Dans ce cas, il faudra laisser cuire 1 bonne heure supplémentaire.

*Pour 4 à 6 personnes*
*20 minutes de préparation*
*1 heure de cuisson*

**1 kg de morceaux de poulet**
**2 oignons rouges émincés**
**2 gousses d'ail émincées**
**1 morceau de gingembre de 3 cm épluché et émincé**
**2 c. à soupe d'huile végétale**
**1 c. à café de garam masala**
**2 tomates émincées**
**37 cl de fond de volaille**
**200 g d'abricots secs**
**1 c. à soupe de vinaigre blanc**
**2 c. à soupe de sucre de palme râpé ou de sucre roux**
**1/2 c. à café de sel**
**155 g de noix de cajou crues**

Entaillez les plus gros morceaux de poulet pour que la cuisson soit uniforme.

Mixez les oignons, l'ail et le gingembre pour obtenir une pâte onctueuse. Chauffez l'huile dans une grande casserole et faites-y revenir la pâte 5 minutes. Incorporez le garam masala et le poulet puis poursuivez la cuisson 5 minutes à feu moyen, jusqu'à ce que ce dernier soit bien doré.

Mouillez avec le fond de volaille puis ajoutez les tomates, les abricots, le vinaigre, le sucre et le sel. Portez à ébullition, couvrez et laissez frémir 20 minutes, jusqu'à ce que le poulet soit tendre et que la sauce ait un peu épaissi. Incorporez la moitié des noix de cajou. Vous utiliserez le reste en garniture au moment de servir.

# poulet masala à la coriandre

La coriandre moulue entre dans la composition de nombreux currys indiens. Ici, je l'utilise à la fois séchée et fraîche pour renforcer le goût du poulet. Le yaourt ajoute à ce plat une agréable saveur aigre-douce.

*Pour 4 à 6 personnes*
*15 minutes de préparation*
*40 minutes de cuisson*

**2 oignons rouges grossièrement émincés**
**80 g de feuilles de coriandre fraîche grossièrement hachées**
**2 gousses d'ail**
**2 petits piments verts**
**2 c. à soupe d'huile végétale**
**2 c. à café de graines de coriandre moulues**
**1 c. à café de cumin moulu**
**1/2 c. à café de curcuma**
**1 pincée de pistils de safran**
**500 g de chair de cuisse de poulet**
**400 g de yaourt nature**
**1 c. à café de sucre**

Mixez les oignons, les feuilles de coriandre, l'ail et les piments pour obtenir une pâte onctueuse. Si vos oignons ne sont pas suffisamment juteux, ajoutez un peu d'eau.

Chauffez l'huile dans une grande casserole et faites-y revenir la pâte 10 minutes à feu moyen. Incorporez les épices et poursuivez la cuisson 5 minutes, jusqu'à ce que leur arôme se développe.

Ajoutez le poulet et faites-le dorer 5 minutes. Incorporez le yaourt et le sucre puis couvrez et laissez mijoter 15 minutes, jusqu'à ce que la volaille soit bien tendre.

# soupe laksa au poulet et aux vermicelles

En Malaisie, ce plat est au menu des trois repas quotidiens. Un bouillon de noix de coco épicé et des morceaux de poulet ou de fruits de mer sont versés sur un bol de vermicelles. Voici ma version de ce plat traditionnel.

*Pour 4 personnes*
*10 minutes de préparation*
*30 minutes de cuisson*

**100 g de vermicelles de riz secs**
**1 c. à soupe d'huile végétale**
**2 c. à soupe de pâte laksa ou de pâte de curry rouge**
**50 cl de lait de coco**
**50 cl de fond de volaille**
**2 blancs de poulet détaillés en fines languettes**
**200 g de haricots mange-tout**
**100 g de pleurotes**
**150 g de germes de soja**
**1 c. à soupe de sambal olek (pâte de piment) au moment de servir (facultatif)**
**1 concombre émincé finement**
**12 c. à soupe d'échalotes asiatiques frites**
**1 c. à soupe de feuilles de menthe fraîche en garniture**

Placez les vermicelles dans un bol, recouvrez d'eau bouillante, laissez gonfler 10 minutes puis égouttez.

Chauffez l'huile dans un wok ou une grande casserole puis faites-y revenir la pâte laksa ou la pâte de curry 3 à 5 minutes, jusqu'à ce qu'elle libère tout son parfum. Mouillez avec le lait de coco et le fond de volaille puis incorporez le poulet. Portez à ébullition, réduisez le feu et laissez frémir 10 minutes. Ajoutez les haricots et les champignons puis poursuivez la cuisson 3 minutes de plus. Les mange-tout doivent être tendres.

Placez des vermicelles et des pousses de soja dans chaque bol. Ajoutez le poulet et, si vous le souhaitez, une cuillère de sambal olek sur le dessus puis le concombre, les échalotes et les feuilles de menthe. Servez immédiatement.

poulet masala à la coriandre

soupe laksa au poulet et aux vermicelles

curry de poulet au maïs et aux pousses de bambou

## curry de poulet au maïs et aux pousses de bambou

J'ai découvert ce curry lors de mon dernier voyage en Thaïlande, à l'occasion des recherches que j'ai effectuées pour l'écriture de ce livre. Je l'ai immédiatement adoré. La pâte de curry jaune, de force moyenne, est disponible dans les épiceries asiatiques. Si vous n'en trouvez pas, une pâte de curry rouge fera l'affaire.

*Pour 4 à 6 personnes*
*10 minutes de préparation*
*30 minutes de cuisson*

**12 cl de crème de coco**
**1 c. à soupe de pâte de curry jaune**
**500 g de chair de cuisse de poulet détaillée en lamelles épaisses**
**50 cl de lait de coco**
**125 g de haricots verts extrafins détaillés**
**100 g de jeunes épis de maïs frais ou en boîte coupés en deux dans le sens de la longueur**
**230 g de pousses de bambou en boîte égouttées**
**250 g de tomates cerises**
**1 c. à soupe de sauce de poisson thaïe (nam pla)**
**1 et 1/2 c. à soupe de sucre de palme râpé ou de sucre roux**
**20 g de feuilles de basilic thaï frais ou de coriandre fraîche pour la garniture**

Dans un wok, faites revenir la crème de coco et la pâte de curry jaune 3 à 5 minutes à feu moyen, en remuant régulièrement, jusqu'à ce que le curry laisse échapper tous ses arômes.

Ajoutez le poulet et faites-le dorer 5 minutes. Mouillez avec le lait de coco puis incorporez les haricots verts, les épis de maïs, les pousses de bambou et les tomates. Portez à ébullition, réduisez la flamme et laissez frémir 10 minutes jusqu'à ce que le poulet soit tendre.

Assaisonnez le curry avec la sauce de poisson et le sucre puis poursuivez la cuisson 10 minutes à feu doux. Au moment de servir, décorez avec les feuilles de basilic thaï ou de coriandre.

## sauté de curry de poulet aux cacahuètes

Voici un curry doux facile et rapide à réaliser. On peut remplacer le brocoli par du chou chinois, du chou blanc (bok choy) ou du choy sum, un légume chinois à larges feuilles. Dans ce cas, ajoutez-les au dernier moment car ils cuiront en 2 minutes.

*Pour 4 personnes*
*15 minutes de préparation*
*20 minutes de cuisson*

**1 c. à soupe d'huile végétale**
**1 c. à soupe de pâte de curry rouge**
**2 gousses d'ail émincées**
**1 c. à soupe de gingembre frais râpé**
**3 cébettes émincées**
**500 g de blanc de poulet émincé**
**1 carotte émincée**
**1 poivron rouge émincé**
**1 tête de brocoli grossièrement détaillée**
**12 cl de sauce douce au chili thaï**
**2 c. à soupe de sauce de poisson thaïe (nam pla)**
**2 c. à soupe de jus de citron vert**
**80 g de cacahuètes grillées**
**2 c. à soupe de feuilles de coriandre fraîche pour la garniture**

Chauffez l'huile dans un wok puis faites-y revenir la pâte de curry, l'ail, le gingembre et les cébettes pendant 3 minutes. Ajoutez le poulet et poursuivez la cuisson 5 minutes jusqu'à ce qu'il soit bien doré.

Incorporez les légumes, mouillez avec 2 cuillers à soupe d'eau et laissez cuire 5 minutes de plus. Mélangez la sauce au chili, la sauce de poisson, le jus de citron et les cacahuètes. Versez le tout dans le wok et portez à ébullition. Retirez le wok du feu, décorez avec les feuilles de coriandre fraîche et servez immédiatement.

sauté de curry de poulet aux cacahouètes

# agneau, porc et bœuf

# agneau à la cardamome et aux abricots

La cardamome est une épice fréquemment utilisée dans la cuisine indienne. Écrasez les graines pour mieux libérer leur arôme.

*Pour 4 à 6 personnes*
*20 minutes de préparation*
*1 heure de cuisson*

**2 oignons rouges émincés**
**2 c. à soupe de gingembre frais râpé**
**3 gousses d'ail**
**2 c. à soupe d'huile végétale**
**1 c. à café de garam masala**
**6 graines de cardamome écrasées**
**1 bâton de cannelle**
**750 g de gigot d'agneau détaillé en cubes**
**2 tomates détaillées, pelées et épépinées**
**1 pincée de pistils de safran**
**150 g d'abricots secs**
**1 c. à café de jus de citron**

Mixez les oignons, le gingembre et l'ail. Chauffez l'huile dans une grande casserole et faites-y revenir ce mélange 15 minutes à feu doux jusqu'à ce qu'il soit bien doré. Incorporez les épices et poursuivez la cuisson 5 minutes.

Ajoutez la viande et faites-la dorer 5 minutes. Mouillez avec 25 cl d'eau puis versez les tomates, les abricots et le safran. Couvrez et laissez mijoter 40 minutes jusqu'à ce que l'agneau soit tendre. Assaisonnez avec le jus de citron en fin de cuisson.

# keema

Il existe de nombreuses versions de ce curry, les recettes variant d'une région à l'autre en fonction de la disponibilité des produits frais. Traditionnellement, elle est réalisée avec de l'agneau mais on peut également utiliser du bœuf haché.

*Pour 4 à 6 personnes*
*20 minutes de préparation*
*50 minutes de cuisson*

**3 c. à soupe d'huile végétale**
**2 oignons rouges finement émincés**
**1 c. à soupe de gingembre frais râpé**
**2 gousses d'ail émincées**
**1 ou 2 petits piments verts épépinés et détaillés**
**1 bâton de cannelle**
**3 clous de girofle**
**750 g d'agneau haché**
**1 et 1/2 c. à soupe de graines de coriandre moulues**
**1 c. à café de cumin moulu**
**1/2 c. à soupe de curcuma**
**2 pommes de terre épluchées et détaillées en cubes**
**200 g de tomates concassées en boîte**
**200 g de yaourt nature**
**155 g de petits pois frais ou surgelés**
**2 c. à soupe de feuilles de coriandre fraîche hachées**

Chauffez l'huile dans une poêle et faites-y revenir les oignons 15 minutes jusqu'à ce qu'ils soient bien dorés. Incorporez le gingembre, l'ail, les piments, la cannelle et les clous de girofle. Poursuivez la cuisson pendant 3 minutes.

Ajoutez l'agneau et faites-le dorer à feu vif. Incorporez les graines de coriandre moulues, le cumin et le curcuma puis laissez cuire 2 minutes de plus.

Ajoutez les pommes de terre et les tomates. Mouillez avec 25 cl d'eau, couvrez et faites mijoter 20 minutes. Ôtez le couvercle, versez le yaourt, les petits pois et la coriandre puis laissez cuire 10 minutes de plus.

# côtelettes d'agneau tandoori

Les côtelettes sont les vedettes des barbecues, même si cette marinade est également parfaite pour un gigot. J'aime la cuisine au barbecue car elle apporte à la viande la même saveur fumée que le tandoor.

*Pour 4 à 6 personnes*
*10 minutes de préparation*
*4 heures de marinade*
*10 minutes de cuisson*

**12 côtelettes d'agneau**
**4 c. à soupe de pâte tandoori**
**1 c. à soupe de jus de citron**
**1/2 c. à café de garam masala**
**1/2 c. à café de graines de coriandre moulues**
**2 c. à soupe de gingembre frais râpé**
**4 gousses d'ail émincées**
**250 g de yaourt nature**

Mélangez la pâte tandoori, le jus de citron, le garam masala, la coriandre, le gingembre, l'ail et le yaourt. Placez-y la viande, couvrez et réservez au réfrigérateur au moins 4 heures, une nuit entière si possible.

Cuisez les côtelettes au barbecue ou sous un gril très chaud pendant 5 à 10 minutes.

Servez accompagné de galettes naans et de chutney à la mangue.

## curry de bœuf aux feuilles de citron kaffir

Très employées dans la cuisine thaïe, les feuilles de citron kaffir apportent une saveur unique à ce plat. Les feuilles séchées feront l'affaire si vous n'en trouvez pas de fraîches mais, dans ce cas, vous devrez doubler les quantités.

*Pour 4 personnes*
*15 minutes de préparation*
*15 minutes de cuisson*

**1 c. à soupe d'huile végétale**
**1 à 2 c. à soupe de pâte de curry vert**
**500 g de rumsteck émincé**
**2 blancs de citronnelle écrasés**
**12 feuilles de citron kaffir finement hachées**
**1 oignon rouge émincé**
**40 cl de lait de coco en boîte**
**200 g de haricots mange-tout**
**250 g de brocolis**
**1 c. à soupe de sauce de poisson thaïe (nam pla)**
**1 c. à soupe de sucre de palme râpé ou de sucre roux**

Chauffez l'huile dans un wok et faites-y revenir la pâte de curry à feu moyen pendant 3 à 5 minutes, jusqu'à ce que son arôme se développe.

Faites dorer la viande dans le wok 3 à 5 minutes. Ajoutez la citronnelle, les feuilles de citron kaffir et l'oignon puis poursuivez la cuisson 3 minutes, jusqu'à ce que ce dernier soit tendre.

Mouillez avec le lait de coco, incorporez les haricots mange-tout et les brocolis puis laissez frémir 5 minutes, jusqu'à ce que les légumes soient tendres. Assaisonnez avec la sauce de poisson et le sucre.

## curry masaman de bœuf

Un délicieux curry traditionnel. Les cacahuètes pilées permettent d'épaissir la sauce et le tamarin lui donne un petit goût aigre-doux. Vous pouvez remplacer ce dernier ingrédient par du jus de citron vert.

*Pour 4 personnes*
*15 minutes de préparation*
*25 minutes de cuisson*

**1 c. à soupe d'huile végétale**
**2 c. à soupe de pâte de curry masaman (voir p. 152)**
**250 g de rumsteck détaillé en cubes**
**2 pommes de terre épluchées et émincées**
**1 oignon rouge émincé**
**25 cl de crème de coco**
**1 c. à café de sel**
**2 c. à soupe de sucre de palme râpé ou de sucre roux**
**1 c. à soupe de sauce de poisson thaïe (nam pla)**
**70 g de cacahuètes rôties pilées**
**25 cl de lait de coco**
**2 c. à soupe de concentré de tamarin**

Chauffez l'huile dans un wok et faites-y revenir la pâte de curry 3 minutes à feu doux, jusqu'à ce que son arôme se développe. Montez légèrement la flamme puis ajoutez la viande, les pommes de terre et l'oignon. Poursuivez la cuisson 5 minutes, jusqu'à ce que le bœuf soit bien doré.

Incorporez la crème de coco, le sel, le sucre, la sauce de poisson et les cacahuètes. Mouillez avec le lait de coco et 12 cl d'eau froide. Portez à ébullition, réduisez la flamme puis laissez frémir 10 minutes, jusqu'à ce que les pommes de terre soient cuites. Ajoutez le tamarin et poursuivez la cuisson 5 minutes de plus. Servez immédiatement.

curry de bœuf aux feuilles de citron kaffir

curry masaman de bœuf

# porc vindaloo à la mode de Goa

La recette favorite des habitants de la région de Goa. *Vindaloo* signifie « vinaigre et ail ». Attention, ce plat est TRÈS épicé. Vous pouvez préférer une pâte vindaloo toute prête achetée dans le commerce. Mélangez-en 2 c. à soupe au vinaigre.

*Pour 4 à 6 personnes*
*25 minutes de préparation*
*1 heure de marinade*
*50 minutes de cuisson*

**750 g de filet mignon de porc détaillé en cubes**
**1/2 c. à café de graines de coriandre en poudre**
**1/2 c. à café de chili fort**
**1/2 c. à café de poivre noir en grains**
**1/2 c. à café de curcuma**
**8 cl de vinaigre de coco ou de vinaigre blanc**
**3 c. à soupe d'huile végétale**
**2 oignons rouges finement émincés**
**1 c. à soupe de gingembre frais râpé**
**12 gousses d'ail émincées**
**3 tomates mûres détaillées**
**2 à 3 petits piments verts épépinés et émincés**
**1 c. à café de sucre de palme râpé ou de sucre roux**

Placez le porc, les épices et le vinaigre dans un saladier puis laissez mariner 1 heure.

Chauffez l'huile dans une grande casserole et faites-y revenir les oignons 15 minutes à feu moyen jusqu'à ce qu'ils soient bien dorés. Incorporez le gingembre et l'ail puis poursuivez la cuisson 2 minutes.

Ajoutez le porc mariné, les tomates, les piments et le sucre. Mouillez avec 25 cl d'eau, couvrez et laissez mijoter 30 minutes, jusqu'à ce que la viande soit tendre.

# porc satay

Partout en Thaïlande, on trouve des petits stands qui vendent du porc, du poulet, du bœuf, du tofu, des poulpes et des calmars à la sauce satay. Voici un satay moyennement doux. Ajoutez 1 c. à soupe supplémentaire de pâte de curry rouge si vous souhaitez qu'il soit plus relevé.

*Pour 4 personnes*
*20 minutes pour faire tremper les brochettes*
*20 minutes de préparation*
*20 minutes de cuisson*

**500 g de filet mignon de porc**
**1 c. à soupe d'huile végétale**
**1 à 2 c. à soupe de pâte de curry rouge**
**70 g de cacahuètes rôties grossièrement pilées**
**1 c. à soupe de beurre de cacahuète**
**40 cl de lait de coco**
**1 c. à soupe de sauce de poisson thaïe (nam pla)**
**2 c. à café de jus de citron vert**
**1 c. à soupe de sucre de palme râpé ou de sucre roux**

Faites tremper 12 brochettes en bambou dans l'eau froide pendant 30 minutes afin qu'elles ne brûlent pas lors de la cuisson au barbecue. Détaillez le porc en fines languettes et enfilez ces dernières sur les brochettes.

Chauffez l'huile dans un wok et faites-y revenir la pâte de curry à feu moyen 3 à 5 minutes, jusqu'à ce que son arôme se développe. Ajoutez les cacahuètes, le beurre de cacahuète, le lait de coco, la sauce de poisson, le jus de citron et le sucre. Laissez mijoter 10 minutes, jusqu'à ce que la sauce ait légèrement épaissi.

Faites griller le porc sur un barbecue légèrement huilé 2 à 3 minutes de chaque côté. Servez accompagné de bols de sauce.

# curry indien

Cette recette est très facile à réaliser. Il suffit de faire frire quelques épices puis de laisser votre plat mijoter. Veillez simplement à ce que votre viande ne soit pas trop maigre car elle durcirait pendant la cuisson.

*Pour 4 à 6 personnes*
*10 minutes de préparation*
*1 heure de cuisson*

**2 c. à soupe d'huile végétale**
**1 oignon rouge émincé**
**1 c. à café de graines de coriandre moulues**
**2 c. à café de graines de cumin moulues**
**1 c. à café de curcuma**
**1 c. à café de garam masala**
**1 c. à café d'ail écrasé**
**500 g de steak dans le gîte à la noix détaillé en cubes**
**400 g de tomates concassées en boîte**
**150 g de haricots verts détaillés en segments de 4 cm**
**1 courgette moyenne émincée**
**150 g de patate douce détaillée**

Chauffez l'huile dans une grande casserole et faites-y frire l'oignon, les épices et l'ail pendant 2 à 3 minutes.

Ajoutez le bœuf et faites-le revenir 5 minutes jusqu'à ce qu'il soit bien doré. Incorporez les tomates et mouillez avec 25 cl d'eau. Laissez mijoter 45 minutes puis ajoutez les légumes. Poursuivez la cuisson 10 à 15 minutes, jusqu'à ce qu'ils soient tendres.

# curry d'agneau madras

Vous trouverez une grande variété de pâtes de curry madras de bonne qualité dans les épiceries asiatiques.

*Pour 4 à 6 personnes*
*20 minutes de préparation*
*1 heure 50 de cuisson*

**2 c. à soupe d'huile végétale**
**1 oignon rouge émincé**
**1 c. à soupe de gingembre frais râpé**
**2 gousses d'ail émincées**
**2 c. à soupe de pâte de curry madras**
**1 kg d'épaule d'agneau ou de gigot détaillé en gros cubes**
**400 g de tomates concassées en boîte**
**40 cl de lait de coco**
**1 bâton de cannelle**
**6 clous de girofle**

Chauffez l'huile dans une grande casserole et faites-y cuire l'oignon à feu moyen pendant 10 minutes, jusqu'à ce qu'il soit bien doré. Ajoutez le gingembre, l'ail et la pâte de curry puis poursuivez la cuisson 3 minutes jusqu'à ce que le mélange libère tout son arôme.

Ajoutez l'agneau et laissez-le revenir 5 minutes à feu moyen jusqu'à ce qu'il soit bien doré. Incorporez les tomates, le lait de coco, la cannelle et les clous de girofle. Couvrez et laissez mijoter 1 heure 30, jusqu'à ce que la viande soit tendre.

# bœuf rendang

Il y a quelques années, lors d'un voyage en Indonésie, j'ai découvert une merveilleuse école de cuisine où j'ai appris cette recette très épicée. Réduisez les quantités de chili si vous préférez les saveurs plus douces.

*Pour 6 à 8 personnes*
*20 minutes de préparation*
*15 minutes de trempage*
*30 minutes de marinade*
*1 heure à 1 heure 30 de cuisson*

**30 g de gros piments rouges séchés**
**1 c. à café de graines de coriandre**
**1 c. à soupe de gingembre frais râpé**
**2 c. à café de cumin moulu**
**1/2 c. à café de clous de girofle moulus**
**1/2 c. à café de curcuma**
**3 gousses d'ail épluchées**
**10 échalotes rouges asiatiques émincées**
**1 kg de steak dans le gîte à la noix détaillé en cubes**
**30 g de poudre de noix de coco déshydratée**
**50 cl de lait de coco**
**2 blancs de citronnelle émincés**
**1 c. à soupe de galangal émincé (facultatif)**
**1 c. à café de sel**
**2 c. à café de sucre de palme râpé ou de sucre roux**

Faites tremper les piments 15 minutes dans l'eau bouillante. Essorez-les avec soin et épépinez-les. Détaillez-les grossièrement et mixez-les avec les graines de coriandre, le gingembre, le cumin, les clous de girofle, le curcuma, l'ail et les échalotes pour obtenir une pâte onctueuse. Si nécessaire, ajoutez un peu d'eau.

Placez la viande dans un saladier, ajoutez la pâte épicée et mélangez bien. Couvrez et laissez mariner 30 minutes.

Dans un wok, placez la viande, la noix de coco, le lait de coco, la citronnelle, le galangal (facultatif), le sel et le sucre. Portez à ébullition, réduisez la flamme et laissez mijoter à découvert jusqu'à ce que la quasi-totalité de la graisse se soit évaporée. Poursuivez la cuisson en remuant régulièrement jusqu'à ce que votre curry soit presque sec.

curry d'agneau madras

bœuf rendang

porc au chili et au basilic

saag d'agneau

## porc au chili et au basilic

J'ai découvert ce curry dans ma boutique préférée de Bangkok. On le trouve également dans la plupart des stands du pays. Vous pouvez remplacer le porc par du poulet haché.

*Pour 4 personnes*
*10 minutes de préparation*
*25 minutes de cuisson*

**1 c. à soupe d'huile végétale**
**500 g de porc haché**
**3 gousses d'ail émincées**
**1 c. à soupe de pâte de curry rouge**
**50 cl de lait de coco**
**100 g de haricots verts détaillés**
**2 c. à soupe de sauce de poisson thaïe (nam pla)**
**2 c. à soupe de sucre de palme râpé ou de sucre roux**
**10 g de feuilles de basilic thaï ou de basilic européen frais**
**piment rouge détaillé pour la garniture**

Chauffez l'huile dans un wok à feu moyen et faites-y revenir la viande hachée pendant 5 minutes, jusqu'à ce qu'elle soit dorée. Ajoutez l'ail et la pâte de curry puis poursuivez la cuisson 3 minutes, jusqu'à ce que l'arôme du curry se développe.

Incorporez le lait de coco, les haricots verts, la sauce de poisson et le sucre. Portez à ébullition puis réduisez la flamme. Laissez mijoter à découvert pendant 15 minutes.

Au moment de servir, ajoutez les feuilles de basilic et le piment rouge.

## saag d'agneau

En Inde, on cuisine parfois ce plat avec de l'amarante... mais il sera meilleur avec des épinards frais ou congelés.

*Pour 4 à 6 personnes*
*20 minutes de préparation*
*30 minutes de marinade*
*1 heure 15 de cuisson*

**500 g de gigot d'agneau détaillé en cubes**
**60 g de yaourt nature**
**1 c. à soupe de graines de coriandre moulues**
**1 c. à café de graines de cumin moulues**
**1/2 c. à café de poivre de Cayenne du moulin**
**1/2 c. à café de poivre noir du moulin**
**1/2 c. à café de curcuma**
**2 c. à soupe d'huile végétale**
**1 oignon rouge finement émincé**
**1 bâton de cannelle**
**3 clous de girofle**
**2 c. à café de gingembre frais râpé**
**2 gousses d'ail émincées**
**500 g d'épinards grossièrement détaillés**

Mélangez l'agneau, le yaourt et les épices dans un saladier. Couvrez et laissez la viande mariner pendant 30 minutes.

Chauffez l'huile dans une grande casserole et faites-y revenir l'oignon 15 minutes à feu moyen, jusqu'à ce qu'il soit bien doré. Ajoutez la viande et poursuivez la cuisson 5 minutes, jusqu'à ce qu'elle change de couleur.

Incorporez la cannelle, les clous de girofle, le gingembre, l'ail et les épinards. Mouillez avec 25 cl d'eau, couvrez et laissez mijoter 45 minutes. Ôtez le couvercle et poursuivez la cuisson 10 minutes jusqu'à ce que la sauce épaississe.

Vous pouvez remplacer l'eau par 400 g de tomates concassées en boîte si vous souhaitez obtenir un curry plus parfumé.

## roghan josh

Le nom de ce plat signifie « graisse chaude ». La férule persique (*Asa fœtida*), une poudre dont l'odeur forte fait penser à celle de l'ail, entre dans sa composition. Outre ses qualités gustatives, les Indiens l'emploient pour ses vertus digestives.

*Pour 4 à 6 personnes*
*20 minutes de préparation*
*4 heures de marinade*
*55 minutes de cuisson*

**1 kg d'épaule d'agneau détaillée en cubes**
**2 c. à soupe de pâte au gingembre et à l'ail (voir p. 152)**
**250 g de yaourt nature**
**1 c. à café de chili fort**
**1/4 de c. à café de férule persique (facultatif)**
**2 c. à café de cumin moulu**
**2 c. à café de graines de coriandre moulues**
**2 c. à soupe de ghee ou de beurre**
**1 oignon rouge émincé**
**1 c. à café de graines de cardamome écrasées**
**2 feuilles de laurier sèches**
**4 clous de girofle**
**1 c. à café de sel**
**1/4 de c. à café de pistils de safran**
**2 c. à soupe de feuilles de coriandre fraîche hachées**
**1/2 c. à café de garam masala**

Mettez l'agneau, la pâte au gingembre et à l'ail, le yaourt, le chili, la férule persique (facultatif), le cumin et la coriandre dans un saladier. Couvrez et laissez mariner au moins 4 heures, une nuit entière si possible.

Chauffez le ghee dans une grande casserole et faites-y revenir l'oignon 10 minutes, jusqu'à ce qu'il soit doré. Ajoutez l'agneau mariné et les épices. Mouillez avec 12 cl d'eau, couvrez et laissez mijoter 45 minutes, jusqu'à ce que la viande soit tendre.

Ajoutez les feuilles de coriandre et saupoudrez de garam masala. Couvrez et réservez 5 minutes avant de servir.

## bœuf penang

Ce curry, moyennement fort, est l'un des plus populaires en Thaïlande. En général, il est réalisé avec du bœuf mais il est également délicieux avec du poulet ou du porc.

*Pour 4 à 6 personnes*
*30 minutes de préparation*
*15 minutes de trempage*
*20 minutes de cuisson*

**3 c. à soupe de cacahuètes**
**5 gros piments rouges séchés**
**1 c. à café de sel**
**1 c. à soupe de galangal émincé (facultatif)**
**1 c. à café de racine de coriandre émincée**
**1 c. à soupe de blanc de citronnelle émincé**
**2 c. à soupe d'échalote asiatique émincée**
**2 c. à soupe d'ail émincé**
**2 c. à soupe d'huile végétale**
**500 g de rumsteck détaillé en fines languettes**
**50 cl de lait de coco**
**1 c. à soupe de sucre de palme râpé ou de sucre roux**
**1 c. à soupe de sauce de poisson thaïe (nam pla)**

Faites dorer les cacahuètes à sec. Quand elles sont refroidies, pilez-les dans un mortier ou mixez-les.

Ouvrez les piments puis ôtez-en les graines et les membranes blanches (mieux vaut mettre des gants en caoutchouc pour réaliser cette opération). Faites-les tremper 15 minutes dans l'eau froide, essorez-les puis séchez-les dans un torchon.

Mixez les piments, le sel, le galangal (facultatif), la racine de coriandre, la citronnelle, l'échalote et l'ail pour obtenir une pâte onctueuse.

Chauffez l'huile dans un wok et faites-y revenir votre pâte 5 minutes à feu moyen. Incorporez le bœuf et poursuivez la cuisson pendant 5 minutes jusqu'à ce qu'il soit bien doré. Ajoutez le lait de coco, le sel, le sucre et la sauce de poisson puis laissez cuire jusqu'à ce que l'huile de coco remonte à la surface.

roghan josh

bœuf penang

# korma d'agneau

Un délicieux curry de force moyenne qui sera apprécié par toute la famille. Les noix de cajou lui donnent une texture crémeuse. Si vous souhaitez qu'elles aient plus de goût, faites-les griller avant de les moudre une fois refroidies. Vous pouvez également les remplacer par des amandes mondées.

*Pour 4 à 6 personnes*
*20 minutes de préparation*
*30 minutes de marinade*
*1 heure de cuisson*

**1 kg de gigot d'agneau détaillé en cubes**
**60 g de yaourt nature**
**1 c. à soupe de graines de coriandre moulues**
**1 c. à café de cumin moulu**
**1/2 c. à café de graines de cardamome moulues**
**2 c. à café de gingembre frais râpé**
**2 gousses d'ail émincées**
**80 g de noix de cajou**
**3 c. à soupe d'huile végétale**
**2 oignons émincés finement**
**1 bâton de cannelle**
**1/2 c. à café de sel**
**40 cl de crème de coco**

Placez l'agneau, le yaourt et les épices dans un saladier puis mélangez soigneusement. Couvrez et laissez mariner la viande 30 minutes.

Mixez le gingembre, l'ail et les noix de cajou pour obtenir une pâte onctueuse. Si nécessaire, ajoutez 2 c. à soupe d'eau.

Chauffez l'huile dans une grande casserole et faites-y dorer les oignons pendant 5 minutes. Incorporez la viande marinée et poursuivez la cuisson 5 minutes, jusqu'à ce qu'elle commence à brunir. Ajoutez la pâte de noix de cajou, la cannelle, le sel et la crème de coco. Mouillez avec 12 cl d'eau, couvrez et laissez mijoter 30 minutes. Ôtez le couvercle et poursuivez la cuisson 20 minutes, jusqu'à ce que la sauce ait épaissi.

# agneau biriani

On sert régulièrement du biriani dans les trains indiens. Ce sont ceux, délicieux, que j'ai dégustés lors de mes déplacements qui ont inspiré ma propre recette.

*Pour 4 à 6 personnes*
*15 minutes de préparation*
*50 minutes de cuisson*

**2 c. à soupe d'huile végétale**
**1 oignon rouge émincé**
**1 c. à soupe de gingembre frais râpé**
**2 gousses d'ail émincées**
**1 c. à soupe de graines de coriandre moulues**
**1 c. à café de graines de cumin moulues**
**1 c. à café de cannelle en poudre**
**1 c. à café de curcuma**
**500 g d'agneau dégraissé détaillé en cubes**
**300 g de riz basmati**
**1/2 c. à café de pistils de safran**
**1 l de fond de volaille**
**150 g de petits pois congelés ou frais, en saison**
**200 g de chou-fleur**
**60 g de raisin**
**65 g de pistaches grossièrement écrasées**

Préchauffez votre four à 180 °C (thermostat 6).

Chauffez l'huile dans un grand plat à four et faites-y revenir l'oignon à feu moyen pendant 10 minutes, jusqu'à ce qu'il soit bien doré. Ajoutez le gingembre et l'ail puis poursuivez la cuisson 2 minutes, jusqu'à ce qu'ils soient tendres.

Incorporez la coriandre, le cumin, la cannelle et le curcuma puis faites revenir 1 minute. Ajoutez l'agneau et gardez sur le feu 5 minutes de plus, jusqu'à ce qu'il soit doré. Versez le riz et le safran puis laissez cuire 1 minute. Mouillez avec le fond de volaille puis ajoutez les petits pois, le chou-fleur et les raisins.

Quand votre mélange commence à frémir, placez le plat au four pendant 25 à 30 minutes, jusqu'à ce que le bouillon soit absorbé et que le riz soit cuit. Retirez du four et réservez 5 minutes. Saupoudrez de pistaches au moment de servir.

# curry de porc à la mode Chaing mai

Un plat traditionnel de la ville de Chaing mai, dans le Nord de la Thaïlande. On y substitue de l'eau au lait de coco– ce qui est plutôt inhabituel. Le tamarin ajoute une légère saveur aigre-douce. Une recette très facile à réaliser.

*Pour 4 à 6 personnes*
*20 minutes de préparation*
*30 minutes de marinade*
*30 minutes de cuisson*

**500 g de filet mignon de porc détaillé en cubes**
**2 c. à soupe de sauce de poisson thaïe (nam pla)**
**2 c. à soupe de sucre de palme râpé ou de sucre roux**
**3 c. à soupe de pâte de curry rouge**
**2 c. à soupe d'huile végétale**
**80 g de cacahuètes rôties**
**30 g de gingembre frais épluché et taillé en julienne**
**2 c. à soupe de concentré de tamarin**

Placez le porc, la sauce de poisson, le sucre et la pâte de curry dans un saladier. Couvrez et laissez mariner 30 minutes.

Chauffez l'huile dans un wok et faites-y revenir le porc mariné pendant 5 minutes, jusqu'à ce qu'il change de couleur. Mouillez avec 50 cl d'eau puis incorporez les cacahuètes, le gingembre et le tamarin. Portez à ébullition, réduisez la flamme et laissez mijoter 20 minutes jusqu'à ce que la viande soit tendre et que la sauce ait légèrement réduit.

## curry rouge de porc, de tomates et de pommes de terre

J'ai découvert ce curry lors de mon dernier voyage en Thaïlande, toujours dans ma boutique préférée de Bangkok. J'y fais des découvertes à chacune de mes visites. J'aimerais bien goûter à chaque plat mais, malheureusement, je ne mange que deux fois par jour…

*Pour 4 à 6 personnes*
*10 minutes de préparation*
*30 minutes de cuisson*

**2 c. à soupe d'huile végétale**
**2 c. à soupe de pâte de curry rouge**
**500 g de filet mignon de porc détaillé en cubes**
**1 oignon rouge émincé**
**40 cl de lait de coco**
**2 pommes de terre détaillées en morceaux de 3 cm**
**200 g de tomates cerises**
**1 c. à soupe de sauce de poisson thaïe (nam pla)**
**2 c. à soupe de sucre de palme râpé ou de sucre roux**

Chauffez l'huile dans un wok et faites-y revenir la pâte de curry 3 minutes à feu moyen.

Ajoutez le porc et l'oignon puis poursuivez la cuisson 5 minutes, jusqu'à ce que la viande commence à dorer et que l'oignon soit tendre.

Incorporez le lait de coco, les tomates, les pommes de terre, la sauce de poisson et le sucre. Portez à ébullition, baissez la flamme et laissez mijoter 20 minutes sans couvrir, jusqu'à ce que le porc soit tendre.

## curry de bœuf et de potiron

Un curry thaï dont le parfum vient de l'Inde. La pâte masaman lui apporte un goût de noisette plus prononcé que la pâte de curry rouge. Le tamarin n'est pas indispensable mais il ajoute une saveur qui contraste agréablement avec celle du potiron.

*Pour 4 à 6 personnes*
*20 minutes de préparation*
*25 minutes de cuisson*

**1 c. à soupe d'huile végétale**
**4 c. à soupe de pâte de curry masaman (voir p. 152) ou de curry rouge**
**500 g de rumsteck détaillé en cubes**
**1 oignon rouge émincé**
**2 bâtons de cannelle**
**50 cl de lait de coco**
**450 g de potiron détaillé en cubes**
**200 g de jeunes épis de maïs frais ou en boîte coupés en deux dans le sens de la longueur**
**1 c. à soupe de concentré de tamarin (facultatif)**
**2 c. à soupe de sauce de poisson thaïe (nam pla)**
**2 c. à soupe de sucre de palme râpé ou de sucre roux**
**feuilles de coriandre fraîche pour la garniture**

Chauffez l'huile dans un wok et faites-y griller la pâte de curry 3 à 5 minutes à feu moyen, jusqu'à ce que l'arôme se développe.

Ajoutez le bœuf et faites-le revenir 5 minutes jusqu'à ce qu'il soit doré. Incorporez les oignons et la cannelle puis poursuivez la cuisson 3 minutes, jusqu'à ce que l'oignon soit tendre.

Ajoutez le lait de coco, le potiron, le maïs, le tamarin (facultatif), la sauce de poisson et le sucre. Laissez mijoter 15 minutes jusqu'à ce que le potiron soit tendre. Au moment de servir, décorez avec les feuilles de coriandre.

curry rouge de porc, de tomates et de
pommes de terre

curry de bœuf et de potiron

# curry rouge de porc et de pamplemousse

Voici une variante sautée du traditionnel curry rouge de bœuf. Le curry rouge est généralement plus doux que le vert et le pamplemousse frais tempère le caractère épicé de cette recette.

*Pour 4 personnes*
*15 minutes de préparation*
*20 minutes de cuisson*

**1 c. à soupe d'huile d'arachide**
**2 c. à soupe de pâte de curry rouge**
**500 g de filet mignon de porc détaillé en cubes**
**40 cl de lait de coco**
**200 g de haricots mange-tout**
**1 poivron rouge épépiné et émincé**
**320 g de chair de pamplemousse détaillée**
**2 c. à soupe de sauce de poisson thaïe (nam pla)**
**1 c. à soupe de jus de citron vert**
**2 c. à soupe de sucre de palme râpé ou de sucre roux**
**10 g de feuilles de basilic thaï frais ou de coriandre fraîche pour la garniture**

Chauffez l'huile dans un wok et faites-y revenir la pâte de curry à feu moyen, jusqu'à ce qu'elle libère ses arômes. Ajoutez le porc et poursuivez la cuisson 3 à 5 minutes, jusqu'à ce qu'il commence à dorer. Incorporez le lait de coco, les légumes et le pamplemousse. Portez à ébullition, réduisez la flamme et laissez mijoter 10 minutes.

Assaisonnez avec la sauce de poisson, le jus de citron et le sucre. Au moment de servir, garnissez avec les feuilles de basilic thaï ou les feuilles de coriandre. Elles se marient parfaitement au pamplemousse.

# poissons et fruits de mer

# moules au chili et à la citronnelle

Grattez soigneusement les moules avant de les cuisiner. Écartez celles qui sont déjà ouvertes au moment de l'achat car elles risquent de ne pas être comestibles.

*Pour 4 à 6 personnes*
*15 minutes de préparation*
*20 minutes de cuisson*

**1 kg de moules d'Espagne**
**1 c. à soupe d'huile végétale**
**2 gousses d'ail émincées**
**2 blancs de citronnelle finement émincés**
**2 gros poivrons rouges épépinés et finement émincés**
**2 c. à soupe de pâte de curry vert**
**4 cébettes détaillées en morceaux de 3 cm**
**50 cl de fumet de poisson**
**1 c. à soupe de sauce de poisson thaïe (nam pla)**
**2 c. à café de sucre de palme râpé ou de sucre roux**
**2 c. à soupe de jus de citron vert**

Nettoyez les moules et ôtez leurs byssus. Chauffez l'huile dans un wok puis faites-y revenir l'ail, la citronnelle, les poivrons et la pâte de curry 3 minutes à feu moyen, jusqu'à ce que cette dernière développe tout son arôme. Ajoutez les cébettes et poursuivez la cuisson 2 minutes, jusqu'à ce qu'elles soient tendres.

Versez les moules, le fumet de poisson, la sauce de poisson, le sucre et le jus de citron. Couvrez et laissez frémir 2 minutes maximum, jusqu'à ce que les moules soient ouvertes.

## mollee de poisson

Le tamarin donne à ce mollee – un curry traditionnel de l'Inde du Sud – une délicieuse saveur aigre-douce que l'on devine derrière la richesse du lait de coco. Choisissez un poisson bien ferme qui ne risque pas de s'effriter en cours de cuisson.

*Pour 4 à 6 personnes*
*15 minutes de préparation*
*25 à 30 minutes de cuisson*

**2 c. à soupe d'huile végétale**
**1/2 c. à café de fenugrec**
**10 feuilles de curry**
**2 petits piments verts coupés dans le sens de la longueur**
**1 oignon rouge émincé**
**1 c. à soupe de concentré de tamarin**
**1/2 c. à café de curcuma**
**1/2 c. à café de sel**
**1/2 c. à café de poivre noir grossièrement écrasé**
**1/4 de c. à café de chili fort**
**37 cl de lait de coco**
**500 g de filets de poisson blanc (cabillaud ou lotte, par exemple) détaillés en gros morceaux**
**1 tomate mûre de taille moyenne épluchée et coupée en tranches**

Chauffez l'huile dans une grande casserole et faites-y revenir les graines de fenugrec à feu moyen jusqu'à ce qu'elles éclatent. Ajoutez les feuilles de curry, les piments verts et l'oignon. Poursuivez la cuisson 10 minutes jusqu'à ce que l'oignon soit doré.

Incorporez le tamarin, le curcuma, le sel, le poivre, le chili et la moitié du lait de coco. Portez à ébullition puis réduisez la flamme. Ajoutez les morceaux de poisson et laissez-les cuire 5 minutes en les retournant deux fois.

Ajoutez la tomate et le reste du lait de coco. Couvrez et poursuivez la cuisson 5 minutes.

## croquettes de poisson au curry rouge

Je me souviens avec plaisir de mes promenades avec ma sœur Paulie au marché du dimanche de Bangkok, avec nos sacs en plastique pleins de petites croquettes de poisson. Depuis des années, j'essaie de perfectionner ces merveilles et, cette fois, je crois que je touche au but...

*Pour 4 à 6 personnes*
*20 minutes de préparation*
*15 minutes de cuisson*

**500 g de filets de cabillaud**
**4 c. à soupe de pâte de curry rouge**
**1 œuf légèrement battu**
**3 c. à soupe de haricots verts détaillés en petits tronçons**
**4 feuilles de citron kaffir très finement émincées**
**1 c. à soupe de sauce de poisson thaïe (nam pla)**
**2 c. à café de sucre en poudre**
**huile d'arachide pour la friture**

Mixez le poisson, la pâte de curry et l'œuf pour obtenir une pâte onctueuse. Versez cette pâte dans un saladier puis ajoutez les haricots verts et les feuilles de citron kaffir. Assaisonnez avec la sauce de poisson et le sucre.

À l'aide d'une cuiller, confectionnez de petites boulettes et aplatissez-les entre les paumes de vos mains. Chauffez l'huile dans un wok et faites-y frire les croquettes 3 minutes à feu moyen, par petites quantités, jusqu'à ce qu'elles soient bien dorées.

mollee de poisson

croquettes de poisson au curry rouge

# curry de crevettes à la mode de Goa

C'est sans doute le curry le plus populaire de la côte de Goa. On peut le cuisiner avec des crevettes ou un poisson à chair ferme. Les oignons caramélisés apportent de la douceur à ce plat.

*Pour 4 à 6 personnes*
*20 minutes de préparation*
*25 minutes de cuisson*

**30 g de gros piments rouges séchés et épépinés**
**3 c. à café de graines de coriandre**
**1 c. à café de graines de cumin**
**2 petits oignons rouges émincés**
**3 gousses d'ail**
**1 c. à soupe de gingembre frais râpé**
**1 c. à café de curcuma**
**3 c. à soupe d'huile végétale**
**2 petits piments verts coupés en deux dans le sens de la longueur**
**1 kg de crevettes de taille moyenne épluchées (retirez le boyau central)**
**2 tomates mûres émincées**
**50 cl de lait de coco**
**1 c. à café de jus de citron**
**1/2 c. à café de sel**
**1/2 c. à soupe de sucre de palme râpé ou de sucre roux**

Faites frire les piments rouges, la coriandre et le cumin 3 minutes à feu moyen, jusqu'à ce que leur arôme se développe. Réservez et laissez refroidir quelques instants. Mixez avec les oignons, l'ail, le gingembre et le curcuma pour obtenir une pâte onctueuse. Ajoutez un peu d'eau si nécessaire.

Chauffez l'huile dans une grande casserole et faites-y revenir la pâte 10 minutes à feu moyen.

Ajoutez les piments verts, les crevettes, les tomates et le lait de coco. Laissez mijoter 5 minutes à découvert. Assaisonnez avec le jus de citron, le sel et le sucre avant de servir.

## poisson au four

En Inde, on entoure le poisson d'une feuille de bananier. Même si cette recette n'est pas un curry, ses épices en font l'un des meilleurs plats de poisson que je connaisse.

*Pour 6 personnes*
*30 minutes de préparation*
*45 minutes de cuisson*

**1/2 c. à café de curcuma**
**1 c. à café de poivre noir écrasé**
**1 c. à café de sel**
**1 kg de filets de poisson blanc (lotte ou perche du Nil, par exemple) détaillés en gros morceaux de 10 cm**
**huile végétale pour la friture**
**5 petits piments verts**
**20 échalotes asiatiques**
**4 gousses d'ail**
**1 morceau de gingembre de 3 cm épluché et émincé**
**1 oignon rouge émincé**
**1 c. à café de grains de coriandre moulus**
**1/2 c. à café de curcuma**
**1 c. à café de jus de citron**
**1 c. à soupe de sucre de palme râpé ou de sucre roux**

Préchauffez le four à 220 °C (thermostat 7). Mélangez le curcuma, le sel et le poivre puis frottez-en les deux côtés du poisson. Chauffez l'huile dans un wok et faites-y frire le poisson 2 minutes de chaque côté, jusqu'à ce qu'il soit doré. Réservez et laissez-le sécher sur du papier absorbant. Ne conservez dans le wok que 3 c. à soupe d'huile.

Mixez les piments, les échalotes, l'ail et le gingembre jusqu'à obtenir une pâte onctueuse. Ajoutez un peu d'eau si nécessaire. Chauffez de nouveau le reste d'huile dans le wok et faites-y revenir doucement l'oignon pendant 15 minutes pour qu'il caramélise. Incorporez la pâte de piment et faites-la revenir 5 minutes à feu moyen. Ajoutez la coriandre moulue et le curcuma puis poursuivez la cuisson pendant 5 minutes. Ôtez le wok du feu puis versez le jus de citron et le sucre sur le poisson.

Badigeonnez ce dernier avec la pâte de piment, entourez-le de papier cuisson et attachez-le avec une ficelle. Enfournez 15 minutes jusqu'à ce qu'il soit tendre.

## curry de fruits de mer

Ce curry facile et rapide peut être réalisé avec n'importe quels fruits de mer, ou presque. En cuisant avec les tomates, le yaourt va cailler sans affecter la saveur de ce plat. Utilisez un yaourt maigre plutôt qu'un yaourt à la grecque.

*Pour 4 à 6 personnes*
*15 minutes de préparation*
*25 minutes de cuisson*

**2 c. à soupe d'huile végétale**
**1 c. à café de graines de moutarde noire**
**1 oignon rouge émincé**
**1 c. à café de garam masala**
**1 c. à café de cumin moulu**
**1 c. à café de graines de coriandre moulues**
**1/2 c. à café de curcuma**
**1/2 c. à café de chili fort**
**750 g de mélange de fruits de mer (crevettes, noix de Saint-Jacques, calmars)**
**400 g de tomates concassées en boîte**
**125 g de yaourt nature**
**1 c. à café de sucre de palme râpé ou de sucre roux**

Chauffez l'huile dans une grande casserole, et faites-y revenir les graines de moutarde 3 minutes à feu moyen, jusqu'à ce qu'elles éclatent. Ajoutez l'oignon et poursuivez la cuisson 5 minutes jusqu'à ce qu'il soit bien doré. Incorporez le garam masala, le cumin, les graines de coriandre moulues, le curcuma et le chili. Laissez cuire 2 minutes de plus.

Ajoutez les tomates, le sel et le yaourt. Couvrez et laissez mijoter 10 minutes. Au dernier moment, ajoutez le sucre et les fruits de mer puis faites-les cuire 2 minutes maximum.

poisson au four

curry de fruits de mer

soupe aigre-douce de crevettes aux piments (tom yum goong)

# soupe aigre-douce de crevettes aux piments (tom yum goong)

Ne faites pas trop cuire la carapace des crevettes dans le fond de volaille pour éviter qu'il ne devienne amer. Vous pouvez préparer le bouillon à l'avance et ajouter les crevettes juste avant de servir afin qu'elles restent juteuses.

*Pour 4 personnes*
*10 minutes de préparation*
*20 minutes de cuisson*

**500 g de crevettes crues sauvages de taille moyenne**
**1,25 l de fond de volaille**
**3 blancs de citronnelle émincés**
**4 feuilles de citron kaffir tordues**
**1 c. à soupe de pâte de curry rouge**
**2 tomates mûres grossièrement détaillées**
**1 c. à soupe de sauce de poisson thaïe (nam pla)**
**3 c. à soupe de jus de citron vert**
**2 c. à soupe de feuilles de coriandre fraîche pour la garniture (facultatif)**

Épluchez et ôtez le boyau central des crevettes. Conservez l'éventail du bout de la queue. Réservez les carapaces.

Versez le fond de volaille dans une casserole, et ajoutez les carapaces. Portez à ébullition, réduisez la flamme et laissez frémir 10 minutes. Passez et réservez le bouillon. Écartez les carapaces.

Versez le bouillon dans la casserole puis incorporez la citronnelle, les feuilles de citron kaffir, la pâte de curry et les crevettes. Laissez frémir 3 à 5 minutes, jusqu'à ce que les crevettes soient roses. Ajoutez les tomates puis assaisonnez avec la sauce de poisson et le jus de citron vert. Décorez avec les feuilles de coriandre au moment de servir (facultatif).

# curry de poisson kerala

La douceur des échalottes et l'aigre-doux du tamarin se marient parfaitement au poisson. Les tomates, elles, apportent une saveur délicieuse à ce curry à la noix de coco.

*Pour 4 à 6 personnes*
*15 minutes de préparation*
*30 minutes de cuisson*

**10 échalotes asiatiques émincées**
**4 gousses d'ail**
**1 morceau de gingembre de 2 cm épluché**
**3 c. à soupe d'huile végétale**
**2 piments rouges séchés**
**10 feuilles de curry**
**1 c. à café de garam masala**
**750 g de filets de poisson blanc (lotte ou perche du Nil, par exemple) détaillés en gros morceaux**
**2 tomates mûres détaillées**
**12 cl de lait de coco**
**1/2 c. à café de sel**
**1 c. à soupe de concentré de tamarin**
**1/2 c. à soupe de sucre de palme râpé ou de sucre roux**
**1 ou 2 petits piments rouges coupés en deux dans le sens de la longueur pour la garniture**

Mixez les échalotes, l'ail et le gingembre pour obtenir une pâte onctueuse. Ajoutez un peu d'eau si nécessaire.

Chauffez l'huile dans une grande casserole et faites-y revenir la pâte 10 minutes à feu moyen.

Incorporez les piments, les feuilles de curry et le garam masala. Poursuivez la cuisson pendant 3 minutes. Ajoutez le poisson, les tomates, le lait de coco et le sel. Couvrez et laissez mijoter 10 minutes.

Ajoutez le tamarin et le sucre, retirez le couvercle puis poursuivez la cuisson 5 minutes à feu doux. Au moment de servir, décorez le plat de petits piments rouges.

curry de poisson kerala

## curry aux moules et aux calmars mode kerala

Quand je me trouvais à Kochi, au Kerala, j'achetais chaque jour des calmars, des moules, des crevettes ou du crabe, et mon poissonnier me préparait cette recette. Je n'avais jamais goûté quelque chose d'aussi bon. J'ai été ravie lorsque Reena, mon professeur de cuisine dans cette ville, m'a appris à la réaliser.

*Pour 4 à 6 personnes*
*20 minutes de préparation*
*30 minutes de cuisson*

**400 g de calmars**
**200 g de moules décortiquées**
**1 c. à café de chili fort**
**1/2 c. à café de curcuma**
**1/2 c. à café de sel**
**1 c. à soupe de pâte au gingembre et à l'ail (voir p. 152)**
**2 c. à soupe d'huile végétale**
**10 feuilles de curry**
**1 c. à café de sucre de palme râpé ou de sucre roux**

Nettoyez les calmars et détaillez-les en anneaux. Placez les calmars, le chili, le curcuma, le sel et la pâte au gingembre et à l'ail dans un saladier. Mélangez avec soin.

Versez le tout dans un wok. Ajoutez l'huile, les feuilles de curry et le sucre. Couvrez et laissez cuire 15 minutes jusqu'à ce que les fruits de mer soient tendres. Ôtez le couvercle, ajoutez les moules et poursuivez la cuisson pendant 1 minute.

## curry chu chi de noix de Saint-Jacques et de poisson

La pâte de crevettes a une odeur impressionnante mais elle apporte une saveur étonnante au curry. Faites-la griller 5 minutes avant de l'utiliser.

*Pour 4 à 6 personnes*
*15 minutes de préparation*
*30 minutes de cuisson*

**50 cl de lait de coco avec la crème**
**1 à 2 c. à soupe de pâte de curry rouge**
**1 c. à soupe de pâte de crevettes grillée (facultatif)**
**2 c. à soupe de sauce de poisson thaïe (nam pla)**
**1 à 2 c. à soupe de sucre de palme râpé ou de sucre roux**
**4 feuilles de citron kaffir finement émincées**
**300 g de filets de poisson blanc (lotte ou perche du Nil, par exemple) détaillés en cubes**
**12 noix de Saint-Jacques**

Chauffez un wok, versez-y la crème de coco récupérée à la surface du lait et faites-y revenir la pâte de curry 5 minutes à feu moyen, jusqu'à ce que son arôme se développe.

Ajoutez le lait de coco. Assaisonnez avec la pâte de crevettes (facultatif), la sauce de poisson, le sucre et les feuilles de citron kaffir. Laissez mijoter 20 minutes jusqu'à ce que votre curry ait épaissi. Ajoutez le poisson et poursuivez la cuisson pendant 3 minutes.
Au dernier moment, incorporez les noix de Saint-Jacques et faites-les cuire 2 minutes, pas davantage.

curry aux moules et aux calmars mode kerala

curry chu chi de noix de Saint-Jacques et de poisson

# dorade frite à la sauce douce de curry rouge

Il est essentiel de bien sécher le poisson, à l'intérieur et à l'extérieur, avant de le faire frire. Tamponnez-le soigneusement avec du papier absorbant. Veillez à ce que l'huile ne déborde pas lorsque vous plongerez la dorade dans le wok.

*Pour 4 personnes*
*15 minutes de préparation*
*20 à 25 minutes de cuisson*

**1 dorade de 750 g**
**huile d'arachide pour la friture**
**2 c. à soupe d'huile d'arachide**
**1 oignon rouge émincé**
**4 gousses d'ail émincées**
**2 c. à soupe de pâte de curry rouge**
**1 c. à soupe de sauce de soja**
**115 g de sucre de palme râpé ou de sucre roux**
**3 c. à soupe de jus de citron vert**
**1 gros piment rouge finement détaillé pour la garniture**
**10 feuilles de basilic thaï frais ou 10 brins de coriandre fraîche pour la garniture**

Pratiquez 3 incisions de chaque côté de la dorade puis séchez-la soigneusement avec du papier absorbant.

Chauffez l'huile d'arachide dans un wok, à feu moyen. Plongez-y un bâton et vérifiez que des petites bulles se forment autour. Faites frire la dorade de 3 à 5 minutes de chaque côté, jusqu'à ce qu'elle soit bien dorée. Égouttez-la sur du papier absorbant.

Chauffez 2 c. à soupe d'huile d'arachide dans un wok et faites-y revenir l'oignon, l'ail et la pâte de curry 3 minutes à feu doux, jusqu'à ce que cette dernière libère ses arômes. Ajoutez la sauce de soja, le sucre et le jus de citron vert. Laissez mijoter 10 minutes jusqu'à ce que le mélange soit sirupeux.

Versez le curry sur le poisson et décorez avec les rondelles de piment et les feuilles de basilic ou la coriandre au moment de servir.

# légumes

# œuf masala

À Kichi, au Kerala, je me suis offert presque tous les jours un œuf masala et de l'appam (galette de farine de riz) au petit-déjeuner, avec une tasse de tchaï. Servez cette recette sans lésiner sur le pain indien pour profiter de sa sauce délicieuse.

*Pour 4 à 6 personnes*
*15 minutes de préparation*
*40 minutes de cuisson*

**3 c. à soupe d'huile végétale**
**1 oignon rouge finement émincé**
**1 c. à soupe de graines de coriandre moulues**
**1/2 c. à café de graines de fenouil**
**1 c. à café de garam masala**
**1/2 c. à café de piment fort**
**1/2 c. à café de curcuma**
**1 tomate pelée, épépinée et hachée grossièrement**
**1/2 c. à café de sel**
**25 cl de lait de coco**
**1 c. à soupe de concentré de tamarin**
**8 œufs durs écalés**

Chauffez l'huile dans une casserole et faites-y dorer l'oignon 10 minutes à feu moyen. Ajoutez la coriandre et les graines de fenouil puis poursuivez la cuisson 3 minutes, jusqu'à ce que leur arôme se développe.

Ajoutez le garam masala, le piment et le curcuma. Laissez cuire 5 minutes supplémentaires.
Incorporez la tomate, le sel et le tamarin. Mouillez avec 12 cl d'eau et le lait de coco. Laissez mijoter 20 minutes sans couvercle. Ajoutez les œufs durs et servez lorsqu'ils sont réchauffés.

# dal makhan

Impossible de connaître toutes les recettes de dal. Elles sont bien trop nombreuses. Pas de repas digne de ce nom sans cette base de la cuisine indienne. Accompagnez-le d'un curry léger.

*Pour 4 à 6 personnes*
*10 minutes de préparation*
*1 heure de cuisson*

**220 g de haricots mung ou de pois cassés jaunes (voir p. 144)**
**2 c. à soupe de ghee ou d'huile végétale**
**2 c. à soupe de pâte au gingembre et à l'ail (voir p. 152)**
**400 g de tomates concassées en boîte**
**2 c. à café de graines de coriandre moulues**
**1/2 c. à café de garam masala**
**1/2 c. à café de noix de muscade râpée**
**1/2 c. à café de sel**
**12 cl de crème fraîche liquide**

Mettez les haricots mung ou les pois cassés dans l'eau froide. Portez à ébullition et laissez cuire 1 heure, jusqu'à ce qu'ils soient tendres.

Chauffez le ghee ou l'huile dans un wok puis faites-y revenir la pâte au gingembre et à l'ail pendant 5 minutes. Incorporez les tomates et poursuivez la cuisson 10 minutes à feu vif, jusqu'à ce que la sauce épaississe.

Ajoutez les épices dans le wok et laissez cuire 2 minutes supplémentaires. Versez la crème fraîche et les haricots mung ou les pois cassés. Laissez mijoter 5 minutes de plus, jusqu'à ce qu'ils soient réchauffés.

# curry aigre-doux aux œufs et aux légumes

D'une consistance proche de celle de la soupe, les currys aigres-doux figurent parmi les plus populaires de Thaïlande. Le riz au jasmin les accompagne à la perfection. La saveur aigre-douce est apportée par le concentré de tamarin.

*Pour 4 à 6 personnes*
*15 minutes de préparation*
*20 minutes de cuisson*

**75 cl de bouillon de légumes**
**2 c. à soupe de concentré de tamarin**
**2 c. à café de sucre de palme râpé ou de sucre roux**
**2 c. à soupe de pâte de curry rouge**
**6 œufs durs écalés**
**230 g de pousses de bambou en boîte égouttées**
**200 g de champignons shiitake coupés en deux**
**2 concombres épluchés et émincés**
**2 tomates détaillées**
**130 g de chou chinois émincé**

Chauffez le bouillon de légumes, le tamarin, le sucre et la pâte de curry rouge dans une grande casserole. Portez à ébullition puis diminuez la flamme. Ajoutez les légumes et laissez frémir 15 minutes jusqu'à ce qu'ils soient tendres. Au dernier moment, incorporez les œufs durs pour qu'ils se réchauffent.

dal makhan

curry aigre-doux aux œufs et aux légumes

## pommes de terre masala

Ce mélange aux pommes de terre sert de farce dans les dosas croustillantes, fines comme des gaufrettes, qui font le délice de tous les repas indiens. J'aime ce plat tel quel mais essayez-le avec des chapattis tièdes et du chutney à la noix de coco (voir p. 154).

*Pour 4 à 6 personnes*
*10 minutes de préparation*
*30 minutes de cuisson*

**500 g de pommes de terre**
**3 c. à soupe d'huile végétale**
**1/2 c. à café de graines de moutarde noire**
**10 feuilles de curry**
**1 ou 2 petits piments verts épépinés et émincés**
**1 oignon rouge émincé**
**1/2 c. à café de curcuma**
**1/2 c. à café de sel**

Lavez les pommes de terre puis cuisez-les 10 minutes avec la peau dans une grande casserole d'eau bouillante. Égouttez-les avec soin puis laissez-les refroidir quelques instants avant de les éplucher et de les détailler en gros morceaux.

Chauffez l'huile dans une grande casserole et faites-y revenir les graines de moutarde 3 minutes, jusqu'à ce qu'elles éclatent. Ajoutez les feuilles de curry, les piments et l'oignon. Poursuivez la cuisson 10 minutes, jusqu'à ce que l'oignon soit doré.

Ajoutez le curcuma, les pommes de terre, le sel et 2 c. à soupe d'eau. Laissez cuire 5 minutes supplémentaires, jusqu'à ce que les pommes de terre soient chaudes.

## pagara bengan

Littéralement « aubergines épicées », cette recette originaire d'Hyberbad est l'un de mes currys de légumes préférés. Très riche, on le sert avec du pain ou accompagné d'un biriani.

*Pour 4 à 6 personnes*
*20 minutes de préparation*
*50 minutes de cuisson*

**8 petites aubergines**
**1 c. à soupe de noix de coco séchée**
**1 c. à soupe de graines de coriandre**
**1 c. à soupe de graines de sésame**
**2 c. à café de cumin moulu**
**2 c. à soupe de cacahuètes**
**1/2 c. à café de chili fort**
**1/2 c. à café de garam masala**
**1/2 c. à café de graines de fenouil**
**1 c. à café de concentré de tamarin**
**1 morceau de gingembre de 2 cm épluché**
**3 gousses d'ail**
**4 c. à soupe d'huile végétale**
**1/2 c. à café de sel**
**1 c. à café de sucre de palme râpé ou de sucre roux**

Entaillez les aubergines par le milieu, sans les détacher entièrement, et conservez la queue.

Dans une grande casserole ou un wok, faites griller à sec la noix de coco, la coriandre, le sésame, le cumin et les cacahuètes pendant 3 à 5 minutes. Une fois refroidis, mixez-les avec le chili, le garam masala, le fenouil, le tamarin, le gingembre et l'ail pour obtenir une pâte. Ajoutez un peu d'eau si nécessaire.

Chauffez l'huile dans un wok et faites-y revenir les aubergines 3 minutes pour attendrir leur peau. Réservez. Faites revenir la pâte jusqu'à ce qu'elle forme une boule.

Remettez les aubergines dans le wok et mouillez avec 25 cl d'eau. Portez à ébullition, couvrez, réduisez la flamme et laissez mijoter 30 minutes, jusqu'à ce que les aubergines soient tendres.

Ôtez le couvercle, salez, sucrez et poursuivez la cuisson pendant 10 minutes.

pommes de terre masala

pagara bengan

le dal de mysore à la Aunty

## le dal de mysore à la Aunty

Cette recette de dal toute simple m'a été confiée par mon amie Aunty lors d'un cours de cuisine suivi à Mysore pour préparer l'écriture de ce livre.

*Pour 4 à 6 personnes*
*10 minutes de préparation*
*1 heure de cuisson*

**220 g de pois cassés jaunes**
**1/4 de c. à café de curcuma**
**1 c. à café d'huile végétale**
**1 courgette avec la peau finement émincée**
**1 c. à café de sel**
**20 g de noix de coco fraîche râpée ou de noix de coco séchée**
**2 c. à café de jus de citron**

Mettez les pois cassés dans l'eau froide. Ajoutez le curcuma et l'huile végétale. Portez à ébullition et laissez cuire 1 heure, jusqu'à ce que les pois soient tendres. Ajoutez la courgette et le sel. Poursuivez la cuisson 10 minutes. Incorporez la noix de coco et jus de citron puis laissez mijoter 2 minutes supplémentaires.

## curry de légumes à la noix de coco et aux pois chiches

Ce sont les Anglais qui ont inventé la poudre de curry au XVIIe siècle. Lorsqu'ils quittaient l'Inde, ils pouvaient ainsi continuer à cuisiner des currys sans faire griller ni moudre les épices à chaque fois.

*Pour 4 à 6 personnes*
*20 minutes de préparation*
*50 minutes de cuisson*

**2 c. à soupe d'huile végétale**
**1 oignon rouge émincé**
**3 c. à soupe de poudre de curry**
**6 petites pommes de terre coupées en deux**
**2 carottes émincées**
**4 petites aubergines émincées**
**300 g de chou-fleur**
**400 g de pois chiches en boîte rincés et égouttés**
**40 cl de lait de coco**
**2 tomates détaillées**
**1 c. à café de sucre de palme râpé ou de sucre roux**
**1/2 c. à café de sel**

Chauffez l'huile dans une grande casserole et faites-y dorer l'oignon 10 minutes à feu moyen. Incorporez la poudre de curry puis poursuivez la cuisson 2 minutes, jusqu'à ce que son arôme se développe.

Ajoutez les légumes, les pois chiches, le lait de coco, les tomates, le sucre et le sel. Mouillez avec 25 cl d'eau, couvrez et laissez mijoter 30 minutes. Retirez le couvercle et poursuivez la cuisson 5 minutes de plus, jusqu'à ce que la sauce commence à épaissir.

curry de légumes à la noix de coco et
aux pois chiches

## avial

L'avial est un curry originaire du Kerala. On le prépare avec tous les légumes que l'on a sous la main. Pour libérer le parfum de la noix de coco, grillez-la à sec avant de la mélanger aux autres épices.

*Pour 4 à 6 personnes*
*15 minutes de préparation*
*25 à 30 minutes de cuisson*

**45 g de noix de coco séchée**
**1 c. à café de graines de coriandre**
**3 gousses d'ail**
**1 oignon rouge émincé**
**2 gros piments rouges séchés cassés en morceaux**
**1/4 de c. à café de curcuma**
**1 c. à café de concentré de tamarin**
**2 c. à soupe d'huile végétale**
**10 gombos coupés en deux dans le sens de la longueur**
**10 g de haricots verts coupés en segments**
**125 g de chou-fleur**
**80 g de petits pois**
**2 pommes de terre détaillées en cubes**
**1 carotte émincée**

Mixez la noix de coco, la coriandre, l'ail, l'oignon, les piments, le curcuma et le tamarin pour obtenir une pâte. Ajoutez un peu d'eau si nécessaire.

Chauffez l'huile dans une grande casserole et faites-y revenir les gombos 5 minutes, jusqu'à ce qu'ils soient tendres et dorés.
Ajoutez le reste des légumes, mouillez avec 25 cl d'eau, couvrez et laissez cuire 10 minutes.

Incorporez la pâte et poursuivez la cuisson 10 minutes, sans ôter le couvercle, jusqu'à ce que les légumes soient tendres.

## curry rouge aux légumes et au pamplemousse

Un curry rapide et facile à réaliser dans lequel on incorpore tous les légumes et les fruits qui traînent dans le réfrigérateur. Vous pouvez remplacer le pamplemousse par de la mangue ou de la banane.

*Pour 4 à 6 personnes*
*15 minutes de préparation*
*20 minutes de cuisson*

**1 c. à soupe d'huile végétale**
**1 c. à soupe de pâte de curry rouge**
**50 cl de lait de coco avec la crème**
**1 carotte émincée**
**1 poivron rouge épépiné et émincé**
**200 g de chou-fleur**
**1 c. à soupe de jus de citron vert**
**1 c. à soupe de sucre de palme râpé ou de sucre roux**
**200 g de brocolis**
**100 g de haricots mange-tout**
**400 g de pamplemousse frais détaillé en petits morceaux**
**2 c. à soupe de feuilles de citron kaffir finement émincées pour la garniture**

Chauffez l'huile dans un wok et faites-y revenir la crème récupérée à la surface du lait de coco et la pâte de curry 3 minutes à feu moyen, en remuant de temps en temps.

Mouillez avec le lait de coco. Ajoutez la carotte, le poivron, le chou-fleur, le jus de citron vert et le sucre. Portez à ébullition, réduisez la flamme et laissez frémir 10 minutes.

Incorporez les brocolis, les haricots mange-tout et le pamplemousse. Poursuivez la cuisson 5 minutes, jusqu'à ce que les brocolis soient tendres. Au moment de servir, saupoudrez des feuilles de citron kaffir émincées.

avial

curry rouge aux légumes et au pamplemousse

# curry vert aux légumes et au tofu

Tous les végétariens qui ont voyagé en Thaïlande ont apprécié ce curry. Il n'est jamais le même, grâce aux innombrables combinaisons de légumes.

*Pour 4 à 6 personnes*
*20 minutes de préparation*
*30 minutes de cuisson*

**1 c. à soupe d'huile végétale**
**1 ou 2 c. à soupe de pâte de curry vert**
**50 cl de crème de coco**
**300 g de potiron détaillé en gros morceaux**
**200 g de haricots verts**
**100 g de jeunes épis de maïs frais ou en boîte**
**100 g de champignons shiitake**
**2 tomates détaillées**
**250 g de tofu détaillé en cubes**
**1 c. à soupe de sucre de palme râpé ou de sucre roux**

Chauffez l'huile dans un wok et faites-y revenir la pâte de curry à feu moyen avec 6 cl d'eau, jusqu'à ce qu'elle libère tout son arôme.

Ajoutez la crème de coco, le potiron, les haricots verts, le maïs, les champignons, les tomates, le tofu et le sucre. Portez à ébullition, réduisez la flamme et laissez mijoter 20 minutes jusqu'à ce que le potiron soit tendre.

## brochettes de tofu au curry satay

Au barbecue, elles sont délicieuses. Bien sûr, plus longtemps le tofu marinera, plus il sera parfumé.

*Pour 4 à 6 personnes*
*20 minutes de trempage pour les brochettes*
*20 minutes de préparation*
*30 minutes de marinade*
*20 minutes de cuisson*

**4 gros piments rouges séchés**
**2 gousses d'ail**
**1/2 c. à café de sel**
**160 g de cacahuètes grillées**
**1 c. à soupe d'huile végétale**
**25 cl de lait de coco**
**1 c. à café de sucre de palme râpé ou de sucre roux**
**1 c. à café de vinaigre blanc**
**750 g de tofu détaillé en languettes de 5 cm**
**2 c. à soupe de sauce de soja**
**2 c. à soupe de sauce au chili douce**
**6 cébettes détaillées en morceaux de 5 cm**
**2 c. à soupe d'huile végétale**

Faites tremper des brochettes de bambou dans l'eau froide pendant 20 minutes pour éviter qu'elles ne brûlent sur le barbecue.

Laissez mariner les morceaux de tofu dans la sauce de soja et la sauce de chili douce pendant au moins 30 minutes.

Faites tremper les piments 15 minutes dans l'eau chaude jusqu'à ce qu'ils ramollissent. Égouttez-les avec soin puis détaillez-les grossièrement. Mixez-les avec l'ail, le sel et les cacahuètes pour obtenir une pâte onctueuse.

Chauffez l'huile dans une grande casserole et faites-y revenir la pâte pendant 5 minutes à feu moyen, jusqu'à ce qu'elle libère tout son arôme. Ajoutez le lait de coco, le sucre et le vinaigre. Laissez mijoter 5 à 10 minutes jusqu'à ce que l'huile remonte à la surface.

Préparez des brochettes de tofu et de cébettes puis faites-les cuire 5 minutes sur un barbecue légèrement huilé ou dans une poêle à frire, jusqu'à ce qu'elles soient bien dorées. Servez avec la sauce satay.

## curry rouge de tempeh

Le tempeh est une galette plate de soja fermenté. On le trouve dans les boutiques diététiques. On peut le remplacer par du tofu.

*Pour 4 à 6 personnes*
*20 minutes de préparation*
*20 minutes de cuisson*

**300 g de tempeh détaillé en fines lanières**
**huile d'arachide pour la friture**
**1 gros piment rouge épépiné et émincé finement**
**1 c. à soupe de pâte de curry rouge**
**2 c. à soupe de concentré de tamarin**
**4 c. à soupe d'échalote séchée**
**4 c. à soupe de sucre de palme râpé ou de sucre roux**
**1 carotte émincée**
**1 poivron rouge épépiné et émincé**
**2 c. à soupe de feuilles de coriandre fraîche**

Faites frire le tempeh de 3 à 5 minutes, jusqu'à ce qu'il soit croustillant et bien doré puis posez-le sur du papier absorbant pour éliminer l'excès d'huile.

Chauffez 1 c. à soupe d'huile de friture dans un wok et faites-y revenir le piment et la pâte de curry 3 minutes à feu moyen, jusqu'à ce que cette dernière libère ses arômes.

Ajoutez le tamarin, l'échalote séchée et le sucre. Remuez jusqu'à ce que ce dernier se dissolve. Mouillez avec 6 cl d'eau, portez à ébullition et laissez cuire 5 minutes pour que la sauce épaississe.

Ajoutez la carotte et le poivron puis poursuivez la cuisson jusqu'à ce qu'ils soient tendres. Incorporez la coriandre et le tempeh. Servez dès qu'il s'est réchauffé.

brochettes de tofu au curry satay

curry rouge de tempeh

## dal aux épinards

Pas de repas indien digne de ce nom sans un bol de dal. En l'accompagnant d'épinards et de rotis (galettes de blé indiennes), on en fait un délicieux plat principal.

*Pour 4 à 6 personnes*
*15 minutes de préparation*
*1 heure de cuisson*

**220 g de haricots mung ou de pois cassés jaunes**
**500 g d'épinards lavés et hachés grossièrement**
**1/4 de c. à café de férule persique (*Asa fœtida*)**
**1/4 de c. à café de curcuma**
**1/4 de c. à café de sel**
**2 c. à soupe d'huile végétale**
**1 c. à café de graines de moutarde noire**
**1 c. à café de graines de cumin**
**10 feuilles de curry**
**1/4 de c. à café de paprika**
**2 gousses d'ail émincées finement**

Mettez les haricots mung ou les pois cassés jaunes dans l'eau froide. Portez à ébullition et laissez cuire 1 heure jusqu'à ce qu'ils soient tendres. Ajoutez les épinards, la férule, le curcuma et le sel. Poursuivez la cuisson 10 minutes jusqu'à ce que les épinards soient tendres et que votre dal ait épaissi.

Chauffez l'huile dans une casserole et faites-y revenir les graines de cumin et de moutarde pendant 3 minutes à feu moyen, jusqu'à ce que ces dernières éclatent. Ajoutez les feuilles de curry, le paprika et l'ail puis poursuivez la cuisson 2 minutes.

Transvasez le dal dans un grand saladier et arrosez-le d'huile épicée.

## dum aloo

Le mot *dum* désigne la cuisson à la vapeur ou avec un couvercle. En Inde du Nord, le mot *aloo* désigne les pommes de terre qui constituent l'une des bases de l'alimentation. Traditionnellement, on utilise des piments du Kashmir pour colorer ce plat.

*Pour 4 à 6 personnes*
*15 minutes de préparation*
*15 minutes de trempage*
*50 minutes de cuisson*

**4 gros piments rouges séchés**
**1 oignon rouge émincé**
**3 gousses d'ail émincées**
**1 c. à café de garam masala**
**1/2 c. à café de curcuma**
**3 c. à soupe d'huile végétale**
**1 kg de petites pommes de terre**
**125 g de yaourt nature**
**1 c. à café de sel**
**1 c. à café de sucre roux**

Faites trempez les piments 15 minutes dans l'eau bouillante puis égouttez-les. Mixez-les avec l'oignon, l'ail, le garam masala et le curcuma pour obtenir une pâte onctueuse. Ajoutez un peu d'eau si nécessaire.

Chauffez l'huile dans une casserole et faites-y revenir cette pâte épicée 10 minutes à feu moyen.

Ajoutez les pommes de terre, mouillez avec 25 cl d'eau, couvrez et laissez cuire 20 minutes. Ôtez le couvercle et poursuivez la cuisson 10 minutes jusqu'à ce que la sauce commence à épaissir. Incorporez le yaourt, le sel et le sucre puis laissez frémir 1 minute.

dal aux épinards

dum aloo

curry de mangues à la moutarde

# curry de mangues à la moutarde

Ce délicieux curry accompagne à merveille les plats épicés. Traditionnellement, les Indiens ne mangent des mangues qu'à midi car ils estiment que c'est un fruit lourd à digérer. Pour cette raison, j'ai ajouté du gingembre à cette recette.

*Pour 4 à 6 personnes*
*15 minutes de préparation*
*15 minutes de cuisson*

**90 g de noix de coco séchée**
**1 c. à soupe de gingembre frais râpé**
**1/4 de c. à café de curcuma**
**1/2 c. à café de chili fort**
**6 grains de poivre noir**
**1 c. à café de concentré de tamarin**
**1 c. à soupe d'huile végétale**
**1 c. à café de graines de moutarde noire**
**6 feuilles de curry**
**1/2 c. à café de sel**
**3 mangues détaillées en tranches épaisses**

Mixez la noix de coco, le gingembre, le curcuma, le chili, le poivre et le tamarin pour obtenir une pâte onctueuse. Ajoutez un peu d'eau si nécessaire.

Chauffez l'huile dans une casserole et faites-y revenir les graines de moutarde 3 minutes à feu moyen, jusqu'à ce qu'elles éclatent. Ajoutez les feuilles de curry, la pâte de coco et le sel. Laissez cuire jusqu'à ce que l'huile remonte à la surface de la sauce.

Incorporez les mangues, mouillez avec 12 cl d'eau et mélangez délicatement. Laissez mijoter 3 minutes.

# curry aigre-doux de légumes façon Gujarat

Au Gujarat, un État de l'Ouest de l'Inde, la nourriture est plutôt épicée, douce et assez sèche. Si vous voulez davantage de sauce, ajoutez de l'eau ou des tomates en fin de cuisson. Dans ce dernier cas, équilibrez la saveur du plat avec un peu de sucre supplémentaire.

*Pour 4 à 6 personnes*
*20 minutes de préparation*
*30 minutes de cuisson*

**250 g de patates douces épluchées et détaillées en cubes**
**250 g de chou-fleur détaillé**
**1 c. à café de sel**
**1 c. à café de chili fort**
**1/2 c. à café de curcuma**
**1 c. à café de graines de coriandre moulues**
**1 c. à café de cumin moulu**
**3 c. à soupe d'huile végétale**
**8 feuilles de curry**
**1 c. à soupe de concentré de tamarin**
**200 g de tomates mûres détaillées**
**1 c. à soupe de sucre de palme râpé ou de sucre roux**

Placez les patates douces et le chou-fleur dans un saladier puis mélangez-les soigneusement avec les épices.

Chauffez l'huile dans une grande casserole et faites-y revenir les légumes 5 minutes, jusqu'à ce qu'ils soient bien dorés. Ajoutez les feuilles de curry, le tamarin, les tomates et le sucre. Mouillez avec 25 cl d'eau et laissez mijoter sans couvrir 20 minutes, jusqu'à ce que les légumes soient tendres et que la sauce ait épaissi.

curry aigre-doux de légumes façon Gujarat

# panir palak

Voici un plat très apprécié au Punjab. On peut se procurer le panir (un fromage de lait caillé pressé) dans les épiceries asiatiques mais on peut le remplacer par du tofu.

*Pour 4 à 6 personnes*
*15 minutes de préparation*
*25 minutes de cuisson*

**2 oignons rouges détaillés**
**1 gousse d'ail**
**3 petits piments verts**
**1 morceau de gingembre frais de 3 cm épluché**
**3 c. à soupe d'huile végétale**
**125 g de panir (ou de tofu) détaillé en cubes**
**500 g d'épinards grossièrement hachés**
**1 c. à café de farine de maïs**
**2 c. à soupe de ghee ou de beurre**
**1 c. à café de cumin moulu**
**1/2 c. à café de garam masala**
**60 g de yaourt nature**
**1/2 c. à café de sel**
**1 c. à soupe de crème fraîche liquide**

Mixez les oignons, l'ail, les piments et le gingembre pour obtenir une pâte onctueuse. Ajoutez un peu d'eau si nécessaire. Chauffez l'huile dans une casserole et faites-y dorer le panir 3 à 5 minutes. Réservez sur du papier absorbant.

Cuisez les épinards 5 minutes à couvert, égouttez-les, ajoutez la farine de maïs et mixez-les jusqu'à ce qu'ils forment une purée onctueuse.

Chauffez le ghee ou le beurre dans une casserole puis faites-y revenir le cumin et garam masala 2 minutes, jusqu'à ce que leur arôme se développe. Ajoutez la pâte de piments et d'oignons puis poursuivez la cuisson 10 minutes. Incorporez le yaourt puis laissez cuire jusqu'à ce que la sauce soit épaisse et presque sèche. Ajoutez la purée d'épinards, le sel, la crème fraîche liquide et le panir. Portez à ébullition et poursuivez la cuisson 2 minutes.

# dal aux haricots mung

Si vous ne trouvez pas de haricots mung dans votre épicerie asiatique, remplacez-les par des pois cassés jaunes. Cependant, votre plat ne sera pas aussi onctueux. Dans ce cas, laissez mijoter un peu plus longtemps pour laisser l'eau de cuisson s'évaporer.

*Pour 4 à 6 personnes*
*15 minutes de préparation*
*1 heure de cuisson*

**440 g de haricots mung ou de pois cassés jaunes**
**2 c. à soupe d'huile végétale**
**2 c. à café de graines de moutarde noire**
**2 c. à café de graines de coriandre moulues**
**2 c. à café de cumin moulu**
**1/2 c. à café de chili fort**
**5 clous de girofle**
**1 bâton de cannelle**
**10 feuilles de curry**
**3 tomates mûres détaillées**
**1 c. à soupe de sucre de palme râpé ou de sucre roux**
**1 c. à soupe de concentré de tamarin**
**pappadums en accompagnement**

Mettez les haricots mung ou les pois cassés jaunes dans l'eau froide, portez à ébullition et laissez cuire 1 heure jusqu'à ce qu'ils soient tendres.

Chauffez l'huile dans une casserole et faites-y revenir les graines de moutarde à feu moyen pendant 3 minutes, jusqu'à ce qu'elles éclatent. Ajoutez les épices et faites cuire 3 minutes jusqu'à ce que leur arôme se développe. Incorporez les tomates, le sucre et le tamarin. Poursuivez la cuisson 5 à 10 minutes jusqu'à ce que votre sauce épaississe.

Ajoutez le dal et laissez cuire 5 minutes de plus, jusqu'à ce qu'il soit réchauffé. Servez avec des pappadums.

panir palak

dal aux haricots mung

curry de haricots verts

## curry de haricots verts

Voici un autre curry de légumes très simple de l'Inde du Sud. On peut remplacer les haricots verts par des épinards ou des aubergines.

*Pour 4 à 6 personnes*
*10 minutes de préparation*
*20 minutes de cuisson*

**2 c. à soupe d'huile végétale**
**1 c. à café de graines de moutarde noire**
**2 piments rouges séchés détaillés**
**2 c. à café de poudre de curry**
**8 feuilles de curry**
**500 g de haricots verts en tronçons**
**1/2 c. à café de sel**
**2 c. à café de sucre de palme râpé ou de sucre roux**

Chauffez l'huile dans une casserole et faites-y revenir les graines de moutarde 3 minutes à feu moyen, jusqu'à ce qu'elles éclatent. Ajoutez les piments et laissez cuire 2 minutes de plus.

Incorporez la poudre de curry, les feuilles de curry, les haricots verts et le sel. Mouillez avec 2 c. à soupe d'eau et laissez mijoter 5 à 10 minutes sans couvercle, jusqu'à ce que les haricots verts soient tendres. Ajoutez le sucre et poursuivez la cuisson 5 minutes.

## simple curry de légumes

Voici une recette rapide et facile pour ceux qui ne veulent pas perdre de temps à confectionner leur pâte de curry. On en trouve d'excellentes prêtes à l'emploi dans les épiceries asiatiques. Pour ce plat, j'ai choisi une pâte de Madras mais vous pouvez préférer des pâtes korma ou tandoori plus douces.

*Pour 4 à 6 personnes*
*15 minutes de préparation*
*50 minutes de cuisson*

**2 c. à soupe d'huile végétale**
**1 oignon rouge émincé finement**
**2 c. à soupe de pâte de curry de Madras**
**1 carotte émincée**
**300 g de potiron détaillé en cubes**
**2 courgettes émincées**
**1 poivron vert épépiné et détaillé**
**150 g de petits pois**
**400 g de tomates concassées en boîte**
**12 cl de yaourt nature**
**40 g de noix de cajou en garniture**

Chauffez l'huile dans une casserole et faites-y caraméliser l'oignon 10 minutes à feu moyen. Ajoutez la pâte de curry et poursuivez la cuisson 3 minutes.

Incorporez les légumes et les tomates. Mouillez avec 25 cl d'eau, couvrez et laissez mijoter 20 minutes. Ôtez le couvercle et poursuivez la cuisson à feu doux pendant 15 minutes, jusqu'à ce que les légumes soient tendres. Ôtez du feu, ajoutez le yaourt et servez avec les noix de cajou en garniture.

simple curry de légumes

# pâtes de curry, condiments et riz

## pâte de curry masaman

Pour 250 g : grillez à sec pendant 3 minutes 3 graines de cardamome écrasées, 1 c. à café de graines de cumin, 1 c. à soupe de graines de coriandre, 5 clous de girofle et 1 morceau de macis jusqu'à ce qu'ils libèrent leur arôme, puis mixez-les finement. Ouvrez 6 gros piments rouges séchés, épépinez-les et ôtez leur membrane blanche (de préférence avec des gants en caoutchouc). Faites tremper les piments 15 minutes dans l'eau froide, égouttez-les puis séchez-les sur du papier absorbant.
Mixez le mélange d'épices avec les piments, 1 c. à café de sel, 1 c. à soupe de galangal émincé (facultatif), 2 c. à soupe de blancs de citronnelle émincés, 2 c. à café de racine de coriandre, 3 c. à soupe d'échalote asiatique émincée, 4 c. à soupe d'ail émincé et 2 c. à soupe de cacahuètes grillées. Vous pouvez conserver cette pâte au réfrigérateur, dans un récipient hermétique, ou 2 mois au congélateur.

## pâte de curry vert

Pour 250 g : grillez 3 minutes à sec 1/2 c. à café de graines de coriandre et 1/2 c. à café de graines de cumin jusqu'à ce qu'elles libèrent leur arôme. Mixez-les avec 1 c. à café de poivre blanc et 1 c. à café de curcuma pour obtenir une poudre fine. Ajoutez 12 gros poivrons verts épépinés grossièrement détaillés et 1 c. à café de sel. Mixez jusqu'à obtention d'une pâte. Ajoutez 2 c. à soupe de galangal détaillé (facultatif) et mixez de nouveau jusqu'à ce qu'il soit bien incorporé aux piments. Ajoutez 4 blancs émincés de citronnelle, 1 c. à soupe de racine de coriandre détaillée, 3 c. à soupe d'échalote asiatique émincée, 2 c. à soupe d'ail émincé et une c. à café de pâte de crevettes. Mixez jusqu'à obtention d'une pâte onctueuse. Vous pouvez conserver cette pâte au réfrigérateur, dans un récipient hermétique, ou 2 mois au congélateur.

## pâte de curry rouge

Coupez des piments rouges séchés dans le sens de la longueur. Ôtez-en les graines et les membranes blanches (mieux vaut porter des gants en caoutchouc pour réaliser cette opération). Faites tremper les piments dans l'eau froide pendant 15 minutes, égouttez-les et séchez-les sur du papier absorbant. Mixez-les finement avec 1 c. à café de sel.
Ajoutez 1 c. à café de galangal détaillé (facultatif) et 2 c. à café de blancs de citronnelle émincés. Mixez de nouveau. Ajoutez 1 c. à café de zeste de citron kaffir râpé, 4 c. à soupe d'échalote asiatique émincée, 1 c. à café de racine de coriandre détaillée, 2 c. à soupe d'ail émincé et 1 c. à café de pâte de crevettes. Mixez jusqu'à obtention d'une pâte onctueuse. Vous pouvez conserver cette pâte au réfrigérateur, dans un récipient hermétique, ou 2 mois au congélateur.

## garam masala

Voici une recette de base facile à mémoriser car elle utilise des quantités égales de cannelle, de clous de girofle, de poivre et de cardamome. Elle se conserve très bien au réfrigérateur dans un récipient hermétique. Pour 60 g : passez au moulin électrique 2 bâtons de cannelle, des clous de girofle, des grains de poivre noir, des graines de fenouil, des graines de cardamome (2 c. à café de chaque ingrédient) et 2 feuilles de laurier sèches, jusqu'à obtention d'une poudre fine.

## pâte au gingembre et à l'ail

Très utilisée dans les currys indiens, cette pâte peut être conservée 5 jours au réfrigérateur dans un récipient étanche. Pour 165 g : mixez 110 g de gingembre râpé et 70 g d'ail jusqu'à obtention d'une pâte onctueuse.

pâte de curry masaman

pâte de curry vert

pâte de curry rouge

garam masala

pâte au gingembre et à l'ail

## chutney à la coriandre et à la menthe

Ce chutney accompagne particulièrement bien les plats de viande. Pour 500 g : mixez grossièrement 1 tasse de feuilles de menthe fraîche, 1 tasse de feuilles de coriandre fraîche, 1 petit piment vert détaillé, 1/2 oignon rouge émincé, de l'ail émincé, du gingembre râpé, du sel et du cumin moulu (1/2 c. à café de chaque ingrédient), 1 c. à café de sucre et 1 c. à soupe de jus de citron vert. Ce chutney se conserve 1 semaine au réfrigérateur dans un récipient hermétique. On peut également ajouter 3 c. à soupe de yaourt nature pour une délicieuse variante.

## bananes, noix de coco et coriandre

Un accompagnement fantastique pour les currys à la viande les plus épicés. Les bananes doivent être mûres mais fermes. Il est encore meilleur avec les bananes « miniatures » qu'on trouve facilement en Asie et parfois en France. Dans ce cas, doublez la quantité indiquée ci-dessous. Le yaourt nature ajoute un petit plus à cette recette, tout comme les raisins de Smyrne et les abricots secs détaillés. Ce condiment est meilleur préparé juste avant d'être servi. Pour 500 g : émincez 3 bananes et arrosez-les de 1 c. à soupe de jus de citron vert. Mélangez avec soin. Ajoutez 22 g de noix de coco sèche et 1 c. à soupe de feuilles de coriandre fraîche hachées.

## chutney à la noix de coco

Ce chutney peut être préparé la veille. Il est meilleur avec de la noix de coco fraîche. Pour 500 g : mixez la pulpe de la noix de coco après en avoir ôté la peau. Ajoutez 3 petits piments verts finement émincés et 1 c. à soupe de gingembre frais râpé. Mouillez avec 3 c. à soupe d'eau et mixez de nouveau. Transférez le mélange dans un saladier. Chauffez 1 c. à soupe d'huile végétale dans une casserole et faites-y revenir 1 c. à café de graines de moutarde noire 2 à 3 minutes à feu moyen, jusqu'à ce qu'elles éclatent. Ajoutez 10 feuilles de curry et poursuivez la cuisson 2 minutes, jusqu'à ce qu'elles libèrent leur arôme. Retirez du feu. Incorporez à la noix de coco en mélangeant avec soin. Ce chutney se conserve 2 semaines au réfrigérateur dans un récipient hermétique.

## salade de tomates et d'oignons

Les Mexicains ont la *salsa* pour accompagner leurs plats, les Indiens le *cachumber*. Ces salades à base de légumes crus sont très semblables. Pour 500 g : coupez 2 tomates et 1 oignon rouge en dés. Ajoutez 1 c. à soupe de feuilles de coriandre fraîche hachées, 2 c. à soupe de jus de citron vert et 1 pincée de sel. Mélangez délicatement.

## chutney aux dattes et aux tomates

J'ai dégusté ce chutney pour la première fois avec des chapattis, chez Reena, mon professeur, avant une classe de cuisine. La combinaison de la douceur des dattes et des graines de fenouil est unique. Il est servi pendant le repas ou avec du pain indien. Pour 1 à 1,5 kg : chauffez 1 c. à soupe d'huile végétale dans une casserole et faites-y revenir 1 c. à café de graines de moutarde noire, 1 c. à café de fenugrec et 1 c. à café de fenouil, jusqu'à ce que les graines de moutarde éclatent. Ajoutez 1 kg de tomates détaillées et laissez cuire à feu moyen jusqu'à ce qu'elles soient tendres. Incorporez 60 g de raisin, 200 g de sucre de palme râpé ou de sucre roux, 180 g de dattes dénoyautées, 2 c. à soupe de vinaigre blanc et 1 c. à café de sel. Laissez mijoter 40 minutes jusqu'à ce que le chutney ait épaissi. Il se conserve 1 mois.

chutney à la coriandre et à la menthe

bananes, noix de coco et coriandre

chutney à la noix de coco

salade de tomates et d'oignons

chutney aux dattes et aux tomates

# riz au safran

C'est un riz indien très classique qui accompagne parfaitement la plupart des currys. J'adore son subtil parfum de safran. La poudre ne remplacera jamais les pistils, dont la saveur est plus marquée. Pour 4 à 6 personnes : faites tremper 1/2 c. à café de pistils de safran pendant 10 minutes dans 2 c. à soupe de lait tiède. Rincez à l'eau froide 270 g de riz basmati puis versez-le dans une grande casserole avec le mélange de lait et de safran. Ajoutez 1 c. à café de ghee, 1 bâton de cannelle et 1 c. à café de sel. Mouillez avec 85 cl d'eau. Portez à ébullition et cuisez à feu vif jusqu'à ce que des trous se forment dans le riz. Couvrez et poursuivez la cuisson à feu doux pendant 15 minutes, jusqu'à ce que le riz soit tendre et toute l'eau absorbée.

# raïta au concombre

Les Indiens consomment les raïtas avec les currys pour adoucir leur caractère épicé. Ils sont faciles à réaliser et d'une grande simplicité : par exemple, un yaourt nature assaisonné de sel, de poivre et de cumin moulu. Pour celui-ci (500 g), j'utilise 1 concombre émincé dans un saladier, j'ajoute 1/2 oignon rouge émincé, 250 g de yaourt nature, 1/4 de c. à café de cumin moulu, 1/4 de c. à café de paprika moulu, du sel, du sucre et 1 c. à soupe de feuilles de coriandre fraîche hachées. Mélangez avec soin.

# riz au citron

Le riz accompagne à merveille les currys moyennement forts. Pour 4 à 6 personnes : rincez 370 g de riz basmati à l'eau froide dans une passoire. Versez-le dans une grande casserole avec 85 cl d'eau. Ajoutez 60 g de raisins de Smyrne, 1 graine de cardamome écrasée, 1/4 de c. à café de curcuma et 1 c. à soupe de ghee. Portez à ébullition et cuisez à feu vif jusqu'à ce que des trous se forment dans le riz. Couvrez et poursuivez la cuisson à feu doux 15 minutes, jusqu'à ce que le riz soit tendre et l'eau absorbée. Ajoutez 2 c. à soupe de jus de citron et 50 g de noix de cajou grillées.

# yaourt au gingembre

Il calme efficacement la brûlure des currys les plus forts. Pour 500 g : versez 250 g de yaourt nature, ajoutez 1 c. à soupe de gingembre frais râpé, 1/2 c. à café de piment vert finement émincé, 1/2 c. à café de sel et 1/2 c. à café de sucre de palme râpé ou de sucre roux. Mélangez avec soin.

# riz au yaourt

Rien de plus simple mais il est impressionnant de constater que le riz peut se métamorphoser en plat. Je l'ai dégusté pour la première fois à Mysore, au restaurant d'Aunty, avec un curry de légumes épicé et du dal. Il est particulièrement délicieux avec des currys secs (de moules et de calmars, par exemple : voir p. 108). Pour 4 à 6 personnes : rincez 370 g de riz basmati à l'eau froide dans une passoire. Versez-le dans une grande casserole avec 85 cl d'eau et portez à ébullition. Cuisez à feu vif jusqu'à ce que des trous se forment dans le riz. Couvrez et poursuivez la cuisson à feu doux 15 minutes, jusqu'à ce que le riz soit tendre et toute l'eau absorbée. Mélangez à 250 g de yaourt nature au moment de servir.

riz au safran

raïta au concombre

riz au citron

yaourt au gingembre

riz au yaourt

# table des recettes

## poulet et canard



## agneau, porc et bœuf



## poissons et fruits de mer



## légumes



## pâtes de curry, condiments et riz

# index des recettes

# Remerciements de l'auteur

En tout premier lieu, je tiens à remercier Catie Ziller de m'avoir une nouvelle fois donné l'occasion de faire ce que j'aime le plus : un magnifique livre de cuisine. Voyager à travers l'Inde et apprendre à cuisiner auprès de femmes talentueuses aura été une expérience fabuleuse ; ce livre n'existerait pas sans le savoir que m'ont transmis les cuisinières hors pair que sont Usha Kotak, Reena, Teena et Aunty.

Merci à Fish, qui m'a été d'une grande aide pour faire des emplettes. À Claire Musters, qui a pris soin de vérifier la rédaction des recettes – son œil de lynx est fort apprécié ! À Deirdre Rooney, qui me permet de donner le meilleur de moi-même. À Michelle Lucia, qui se dévoue corps et âme. À Abi, pour sa délicieuse présence. À Carlu Seaver, pour son dévouement et l'élégance de son regard, qui ont permis à ce livre d'être si beau, et à Mel Singer, pour son efficacité à trouver « le » bon tissu.

Un grand merci à tous mes amis, à ma famille et aux « cobayes » qui ont supporté mes currys semaine après semaine, et m'ont consciencieusement renvoyé… les récipients en plastique et leurs encouragements.

Enfin, je tiens à remercier toutes les merveilleuses personnes que j'ai rencontrées au cours de mes voyages en Thaïlande et en Inde, et qui m'ont accueillie avec un sens de l'hospitalité que le monde occidental oublie bien trop souvent.

Je voudrais dédier ce livre à mon très cher et souriant ami Jem, qui a toujours aimé les épices ! J'aurai tant voulu qu'il soit là pour profiter de celles-ci – j'espère bien que leurs parfums lui sont parvenu là-haut.





**Recettes et stylisme** Jody Vassallo

**Shopping** Michelle Lucia

**Réalisation des recettes** Carlu Seavers, Melissa Singer, Abi Ulgati

**Édition** Claire Musters

**Mise en page** Deirdre Rooney

Texte traduit de l'anglais par Bernard Blanc

Relecture : Antoine Pinchot, Jean-Pierre Leblan

Merci aux enseignes suivantes : Accountrement, Bed Bath and Table, Design Mode International, Food Stuff Monavale, Travellers and Traders, Village Living et Wheel and Barrow Homewares.

L'éditeur remercie également Sunbeam Appliances, Australie, pour les woks et les ustensiles qui ont servi à réaliser les recettes de ce livre.

Imprimé en Espagne par Graficas Estella

Dépôt légal : 47058 – septembre 2004

ISBN : 2501041852

40.1988.1 / 01